www.ingramcontent.com/pod-product-compliance
Lightning Source LLC
La Vergne TN
LVHW050554160826
845677LV00011B/2312

يوم جديد

تأليف

د. علا عبد السلام

اسم الكتاب: يوم جديد

تأليف: عُلا عبد السلام

تصميم الغلاف: آية رمضان حجازي

التصحيح اللغوي: أميرة سعيد

التنسيق الداخلي: نورا سليمان سيد

رقم الإيداع: 2023/19085

الترقيم الدولي I. S. B. N: 978-977-86884-6-7

جمهورية مصر العربية- القاهرة

مدير النشر: أحمد مكي   جهاد محمود

01142340175ـ01208209008

Ahmedmakay79@gmail.com

يوم جديد

المقدمة

يوم جديد

كل يوم في حياتنا يوم جديد، بنسعى كلنا إنه يكون سعيد، أنا بكتب دلوقتي عن أيامنا وازاي نستفيد بيها ونجعلها سعيدة، كل واحد مننا أول ما بيصحى من النوم، بتبقى دماغه مشغولة، بأفكار وترتيبات وحاجات كتيره جدًّا، طب هل بنعملها، ولا بنترك الحياة تسير بينا وتآخد عمرنا من غير ما نحس بيها، علشان ننجح في الحياة، لازم نخطط لها، ونركز مع نفسنا، وكل ما حددنا احنا عايزين إيه، هنعرف نحققه، اسعى بكل أمل وحب وتفاؤل ورضا، اجعل كل يوم في الحياة يوم جديد مليء بالفرحة والأمل والسعي والنجاح، والثقة بالله.

إهداء

إهداء إلى أصدقائي رزقي في الدنيا الحمد لله، الله سبحانه وتعالى رزقني بأصدقاء وأخوات وعائلة سند ودعم لي دايمًا بشجعوني لولا دعمهم لي، وحبهم لي لما كنت أنا أشكر زينب، منى، أميرة، رانيا، إسراء، ريهام، نورهان، آلاء، داليا، بريهان، نهى، شيماء، رحاب، أماني، إيمان، سارة، دينا، هبة، هند، تسنيم، أسماء، زيزي، عبير وأخويا الغالي محمد، دكاترتي في العمل، وفي الكلية. أحمد، وسجي، ونور، وندا، ومحمد، وحور، ومريم أولاد إخوتي الصغيرين اللي بيهم كل يوم بيكون يوم جديد، وبهم تحلو الحياة، وطبعًا بطلة حياتي أمي الغالية بارك الله لنا فيها، وسلامًا لروح أبي الغالي ويا ريت نفتكره بقراءة الفاتحة، يا رب كتابي ينال إعجابكم، وأكون تركت أثر طيب في نفسكم، وبكم تحلو الحياة. أصدقائك هما حياتك هما سندك هما عائلتك الثانية، من كل قلبي بشكركم وبحبكم.

علا

رسالة شكر

رسالة شكر لكل شخص موجود في حياتي، رسالة شكر للناس الحلوة اللي بتشجعنا، رسالة حب وشكر لأصدقائي اللي بيهم تحلو الحياة، وأمي الغالية وأخواتي اللي بيهم كل يوم بيكون يوم جديد، شكر خاص لدكتور صالح جلال هذا الفتي حديث التخرج من كلية صيدلة طنطا، لحسن الحظ التحق بالشركة التي أعمل بها، بفكره الجديد وحماسه ونشاطه ساعدني إني أُنهي كتابي في وقت صغير، زي ما قلتلكم في الرحلة بنقابل ناس بتحلو بها الحياة، بيكونوا رسالة ربنا فيها، بيهم بيوصل رسالة لينا، ساعدني في الكتابة عن طريق إنني برسل ريكورد، وعلى الفور يكتبها ويرسلها لي، دكتور صالح معرفتي بيه من خلال ٣ شهور فقط، ولكن كان هبه من الله لي، شجعني وساعدني إني أوصل هذا الكتاب ليكم، ربنا بيرسلنا لبعض رحمات، شكرًا دكتور صالح جلال.

نبذة عن الكاتبة

الكاتبة علا عبدالسلام، حاصلة على دكتوراه في الميكروبيولوجي، والعديد من الدبلومات في الميكروبيولوجي، والكيمياء الحيوية والهيماتولوجي، خلال الدراسة تم نشر 4 أبحاث علميه، وأخيرًا دبلومة TOT.

تم إصدار كتابها الأول عام ٢٠٢٢م باسم كي تحلو الحياة، نتيجة تجارب دكتورة علا في الدراسة والعمل، حيث عملت في شركات أدوية ومعامل تحاليل وفقًا لدراستها، كما أنها شاركت في العديد من المؤتمرات العلمية، جعلت لها في رحلة حياتها تجارب وفلسفة استطاعت من خلالها أنها تشعر أن التفاؤل والاجتهاد في العمل هما سر الحياة، وبهم تحلو الحياة، جعلت من كل يوم جديد، تستطيع به أن تحدد أهدافها، وترتب أولوياتها، وتعمل لكي تجعل من اليوم فائدة تستطيع أن تبني به مستقبل سعيد وواعد، ومن هنا صدر كتابها الأول كي تحلو الحياة عام ٢٠٢٠م، وكتابتها الثاني يوم جديد عام٢٠٢٣م.

Email: olaa_abdelsalam@yahoo.com

Facebook : Olaa Abdelsalam

❖ فكر بالفرح تفرح

يوم جديد

الأمس قد فات لا يحمل إلا ذكريات، والغد بيد الله لا نملك غير التمني والدعاء، أما اليوم فهو ملك لك؛ لذلك استمتع به، واجعله جميل حتى لا تندم على ما فاتك، وبفضله تسعد بغدٍ مشرقٍ.

أيامنا هي حياتنا، هي ميراثنا، الحياة والماضي هو الذي نصنعه؛ كي نفتخر به في المستقبل، الماضي هو الأيام التي عشناها، ونتاج أيامنا التي بها نعيش حياتنا، وننعم بمستقبلنا، المستقبل هو الذي سنعيشه، ونترك أشياء جميلة ننعم بها نحن وأولادنا والأجيال القادمة، واليوم هو الذي نكمله، والذي نصنعه، كل يوم بنعيشه سيصبح ماضي في يوم من الأيام، لا نستطيع أن نعوضه، هو الذي يبني المستقبل الذي سننعم به ونفرح به؛ لذلك كل يوم اعتبره في الحياة هو أهم يوم، وهو كل ما تملك؛ لأن به تصنع مستقبل باهر، هو الذي تعيش به حياة سعيدة، خطط ليومك، اسعى فيه، لا تتركه يفلت من بين يديك، يومك هو كل ما تملك، عش كل يوم بشعور اليوم الجديد.

يَوْمٌ جَدِيد
كُلُّهُ حَيَاةٌ
شَمْسِهُ بِتَبْتَسَم
وَنَاسُهِ وَهَوَاهُ
وَالْعَصَافِيرُ بِتُغْنِي فِي سَمَّاهُ

يَوْمٌ جَدِيد

اليوم يقول:

أنا يوم جديد، وعلى عملك شهيد فاغتنمني فإني لا أعود إلى يوم القيامة خليك دائمًا متأكد إن كل يوم بداية حياة جديدة بداية تحقيق أحلام، بداية تجربة جديدة هتضيف لخبراتك في الدنيا.أنا مثلًا بشتغل، وبدرس ولا أملك من الوقت ألا القليل، وعمري ما كنت أفكر إني أكتب بس لقيت نفسي عندي قصص، وحكايات كتير أوي ممرت بها خلال رحلة الشغل والدراسة، وكلها حقيقية، وواقعية، وحقيقية، وفيها استفادات لو أخذناها في الاعتبار ممكن بها نقدر نغير حياة حد قبل ما ينجرف، ويأخد قرارات ممكن تأثر على حياته فيما بعد، مش هكدب عليكم ترددت كتير، وقلت لنفسي كتابة إيه اللي هتكتبيها، من امتى وأنتِ عندك موهبة سرد الأحداث، وفجأة مسكت الورقة، والقلم، وقلت لنفسي إيه المشكلة جربي، طالما الفكرة جت في دماغك تبقى أكيد دي رسالة من ربنا، ومن خلالها ممكن تكون رسالة للقارئ، ومنها تكون بداية جديدة لكِ في عالم الكتابة، ومن خلالها أقدر أساعد حضراتكم إنكم

تقدروا تغيروا حياتكم، وطريقة التفكير فيها، القصة من كلامي إن السعي، والتجارب عاملين مهمين للغاية. يوم جديد، كل يوم في حياتنا هو يوم جديد، بنسعى كلنا إنه يكون سعيد، أنا بكتب دلوقتي عن أيامنا، وازاي نستفيد بيها، ونجعلها سعيدة، كل واحد مننا أول ما بيصحى من النوم، بتبقى دماغه مشغولة، بأفكار وترتيبات، وحاجات كثيرة كدا، طب هل بنعملها، ولا بنترك الحياة تسير بينا، وتآخد عمرنا من غير ما نحس بيها، ونغني سيري بينا يا دنيا سايرينا يا دنيا، علشان تسير بينا الحياة وتسايرنا، لازم نخطط لها، ونركز مع نفسنا، وكل ما حددنا احنا عايزين إيه، هنعرف نحققه، أنا مثلًا دايمًا بشحن البطارية بتاعتي، فجأة كدا من كتر الجري، وعدم الاهتمام لقيت نفسي وزني زايد، والهيموجلوبين قل، والكوليسترول علي، فجأة كدا ومن غير مقدمات دا يبقى إنذار، الجسم بتاعنا مش بيهزر، لما بيختل توازنه بيفقد السيطرة، فبيبدأ يعبر عن نفسه، سواء ضعف في الجسم، وجع في الركب، إنزيمات تزيد، كوليسترول يعلى، علاقتنا بجسمنا علاقة متبادلة، دايمًا بنقول الجسم السليم في العقل السليم، يعني كل حاجة بتآخد اهتمامك بتوصل بيها لبر السلام، كل حاجة في حياتنا لازم ليها اهتمام،

يعني الحياة مش بتتآخد كدا، لازم نهتم بيها، فبنوصل بيها لبر الأمان، المهم بعد إشارات الجسم لينا، وبعد فترة من التعب، عرفت إن جسمي محتاج إيه، فهمته، عرفت إن لازم أقلل من الشاي والسكر علشان الهيموجلوبين يعلى تاني، وأظبط الحديد، وأقلل الدهون، والبقوليات، واللحوم علشان اليوريك أسيد، والكوليسترول، ويرجعوا لمعدلهم الطبيعي، يعني علاقتي بجسمي ابتدت تبقى علاقة صداقة، هي دي الحياة بتاعتنا، هي دي حياتنا، كل فعل ليه رد فعل، الإهمال مش هيجيب غير التعب، والإرهاب، والرياضة والمحافظة، والنظام هيخلوا جسمي شكله كويس، وكمان كدا القراءة، والثقافة، وإن أنت تحاول تفرح بكل حاجة هيخلي عقلك يحصله Refresh ، وتبدأ تنجز في حياتك، ومن هنا كانت علاقتنا بتحاليل، والجسم، والتعب بيكون درس لينا في الحياة، إننا لازم نآخد بالنا من اللي بنعمله، من سلوكنا، من life styl بتاعنا؛ لأنها هتعود على شكلنا، وصحتنا، ولبسنا، وشغلنا كمان.

الرضا

الشيخ الشعراوي قال:

اوعى تخلي باب الحزن موارب، اقفله بمفتاح الرضا، كتير مننا يا جماعة بيبقى عنده سخط من الحياة، بيبقى حاسس إن الحياة ضاعت بيه، مش قادر يوصل لأي حاجة، وده نتيجة إنه ينظر لغيره، بيبقى شايف إن دا وصل لمرحلة هو كان المفروض يوصلها، أنا بقى وجهة نظري إنك تبص في ورقتك، تشوف أنت عايز إيه، تعدد النعم اللي ربنا مديهالك سبحانه وتعالى، تبص أنت بكره عينك على إيه، ممكن اللي أنت محتاجه دلوقتي ميكنش هو الكويس ليك، بس سبحان الله طول ما أنت بتشتغل على نفسك، وطول ما بتسعى ربنا أكيد هيديلك حاجة تانية، ومن هنا دا اللي كنت بكلم واحدة زميلتي عليه، زميلتي دي في مرحلة الثلاثينات، ابتدت تحس إن هي حياتها ضاعت منها، وإن هي ما عملتش أي حاجة في حياتها، واللي زاد وغطى على دا كله وجود ناس كتيرة في الشركة اتعينوا جديد، وسنهم في العشرينات، فأنا لما لقيت كدا، ابتديت أكتب عن مرحلة الثلاثينيات، وكتبت فيها إن مرحلة الثلاثينيات هي

مرحلة غريبة في حياتنا، مرحلة عمرية خطيرة جدًّا، لا أنت في العشرينات، ولا أنت في الأربعينات اللي هو أنت ومتجوز، ومخلف، والدنيا عندك استقرت وتمام، فلقيت إن كل مرحلة عمرية ليها ظواهر معينة، بس أنت لو قدرت تتغلب على الظواهر دي هتقدر توصل، وهتبقى راضي، وهتبقى حاسس إن سبحان الله كل وقت، وليه آذانه، وإن مرحلة العشرينات مختلفة عن الثلاثينات مختلفة عن الأربعينات، وكل واحد ليه هدف مختلف في كل مرحلة، ولو حاجة فاتتك في العشرينات فبتديلك ثقل في الثلاثينات، وتبقى هادي وراسي، وتقدر توصل للي أنت عايزه، الأربعينات دي بقى مرحلة نضج عنها.

مرحلة الثلاثينات

أنت جواك حد صغير، بس سنك ابتدى يظهر عليك، تلك الشعيرات البيضاء ابتدت تظهر عليك، حياتك ابتدت تبقى أوضح، في الوقت دا، بتقعد مع نفسك وماذا بعد؟ هل أنا حققت اللي أنا عايزه؟ هل في أحلام لسه مكملتش؟ بدأت تتعامل مع الناس في العشرينات، ولاحظت باختلاف كبير في الروح، في الطاقة، في طريقة التفكير، في أحلامهم، وكيف يتعاملوا مع الأشياء من حولنا، كل حاجة عندهم تقدر تتعمل، وازاي هي بسيطة وسهلة، ويقدروا إنهم ينجزوا كل حاجة، كيف حياتهم سريعة، يقدروا يشتغلوا، يقدروا يلعبوا، وفي نفس الوقت هما لسه صغيرين، وأنت في السن دا بتشعر، وإنك فقدت حاجات كتير جدًّا، بدأت تحشي عصب سنانك، ركبك بدأت تخبط في بعضها، طلوع السلم بقى صعب، هل ينفع إني أستسلم للحالة دي؟ هل أبتدي أحس إني في الستينات بالطريقة دي؟ لأ طبعًا.

أنا واحدة ثلاثينية، بحس إن سن الثلاثين دا أحلى مراحل العمر، بشعر فيها إن ربنا سبحانه وتعالى راسم خطانا، وراسمها لمصلحتنا، ربنا بيدينا كدا صبر وإلهام، وقوة، وعزيمة في السن ده، في ناس بتقول إن أنت حددت إيه، وعايز تعرف عايز توصل لإيه، صدقوني الثلاثينات دي ممكن تبقى بداية جديدة جدًّا، بداية نضج وخبرة وحياة، بداية إنك تعرف نفسك، تحدد مشاعرك، تحدد هواياتك، ماتقولش إنك كبرت، والوقت فات، بل بالعكس فكر ازاي تنبسط، وتسعد وتفرح بالمرحلة دي، بس لما جيت أكتب عن مرحلة التلاتينات بسبب بدء تعيين شباب جديد في العشرينات في الشغل، شعرت شعور مختلف جدًّا، شعرت بإنهم مسؤوليتي، شعرت بفرق بيني وبينهم في الخبرة، وفي الهدوء والرزانة، هما عاوزين يوصلوا بسرعة رهيبة، فيه منهم المحبط، وفيهم منهم اللي عنده الشغل صعب ومش قادر عليه، وفيه منهم اللي عنده أحلامه، بيشتغل وبيآخد كورسات في مجال الشغل، وفاهم هو عايز إيه، وبيجتهد بس مش اجتهاد عضلي بس، اجتهاد عقلي وفكري، بيتعلم في نفس

المجال، وبيآخد كورسات ماركيتنج، وسيلز، وفي نفس الوقت بينزل يشتغل، ويتعامل مع الناس، أنا بقى دوري إيه، وأنا في نفس position بتاعهم، بس على الأقل أكبر منهم في السن، بشعر بشيئين، في بعض زمايلي حصلهم صدمة، وقالوا أنا قد إيه العمر جري بيا، وأنا لسه في نفس position، اكتشفتوا إنهم ضحوا بالشباب والطموح، أنا بقى شعرت بشيء مختلف جدًّا، أنا لقيت نفسي مصحباهم، وحباهم جدًّا، وابتديت أتعلم منهم، وأشوفهم وأشوف تفكيرهم وأشجعهم، وحصل بيني وبينهم ألفة وتوعية، وروح جميلة في الشغل، منهم كتير ساعدوني، ابتديت أشوف كل واحد فيهم شاطر في إيه وأتعلم منه، وأخليه يآخدني معاهم في دنيتهم، وفي نفس الوقت أنا في الثلاثينات، في سني، هدوئي، النضج اللي أنا وصلت ليه، بالعكس بقى فيه بينا شعور متبادل، بقيت أنا أعلمهم وآخد منهم الحياة السريعة بتاعتهم، وفي نفس الوقت الدنيا كويسة، شعرت إن عندهم روح، وشغف وطاقة، أخدت منهم واستمتعت بحديثهم، وإن عنده الخبرة، والعلم، والاحتكاك أكثر مع الناس، يعني كل سن ليه جماله، في

التلاثينات بقى يظهر عندي هوايات، وكل حاجة اتعلمتها في العشرينات ابتدت تظهر عندي، وابتديت استفيد منها، اشتغلت شغلانات تانية، كل التعليم وكل الخبرة اللي أنا خدتها، وكل حاجة اتعلمتها ابديت استفيد منها، خدت دبلومات عن التحاليل، وابتديت أفهم في التحاليل وأعرف أعمل كل حاجة، كل دا وأنا في شغلي حبيت الكتابة وبدأت على الفور وبفضل الله بدأ يكون لديَّ قراءة، أخذت الدكتوراه، وعرفت حاجات كتيرة عن العلم، وابتديت أوصل العلم للناس، يعني كل حاجة أنا كنت بستثمرها ابتدت تظهر عليا، آه أنا لسه في نفس position، بس عندي شغلانات تانية، عندي أهداف تانية، عندي حياة تانية بقى أقدر أعيشها، ظهر عندي هوايات تانية، إنما هما لسه في نفس المجال.

ومن هنا، كل سن وليه جماله، وليه مرحلته، اوعى تحس إنك كبرت، طول ما بتتنفس فيه جديد، في جديد في شغلك، في حياتك، في هواياتك، اتعلم واتكلم مع الأجيال الجديدة، متخليش الحواجز ما بينكم تكبر، شوفهم بيفكروا ازاي،

بينجزوا ازاي، اديهم خبراتهم، علمهم، ساعتها هتحس إن عندك كتير من العلم، والخبرة، والمهارات، وبالتالي هتنتج أكثر، ثقتك في نفسك هتزيد أكثر، هتلاقي فيه ناس بتستشيرك، ناس بتآخد رأيك، ناس مقدراك ومحترماك رغم إن أنت برضو بتتعامل معاهم بنفس دماغهم، ونفس عقليتهم، إنما هما برضو عارفين قيمتك، وعارفين وضعك وعارفين خبراتك، وازاي هما لما بيقعوا في أي مشكله بيجوا يسألوك، إنما أنت بتبقى ناضج كفاية وبتعرف تتعامل، الخبرة دي مش بالساهل، التعامل مع الناس مش سهل، كل يوم لما بيعدي عليك مش بيعدي عليك كدا وخلاص.

مرحلة الأربعينات

أما عن سن الأربعين، قال الله تعالى: (حَتَّى إِذَا بَلَغَ أَشُدَّهُ وَبَلَغَ أَرْبَعِينَ سَنَةً قَالَ رَبِّ أَوْزِعْنِي أَنْ أَشْكُرَ نِعْمَتَكَ التي أَنْعَمْتَ على وَعَلَى وَالِدَيَّ وَأَنْ أَعْمَلَ صَالِحًا تَرْضَاهُ وَأَصْلِحْ لي في ذُرِّيَّتِي إِنِّي تُبْتُ إِلَيْكَ وإني مِنَ الْمُسْلِمِينَ)[الأحقاف:١٥]

في سن الأربعين يشعر الإنسان، وكأنه على قمة الجبل، ينظر على السفح الأول، فيرى طفولته وشبابه، ويجد أن مذاقها في أعماقه، وينظر للسفح الآخر، فيرى مقتطفات من مراحل عمره، ويدرك كم هو قريب منها، إنه من أجمل الأعمار، إنه العمر الذي يصل فيه الإنسان أن يفهم كل الفئات العمرية، ويعيشها ويتحدث معها، **في الأربعين يبدأ الحصاد، رسالة لنا في سن الأربعين، لا تيأس أبدًا، بل اجعل عندك حماس وتفاؤل؛ بالنسبة للرجل قد يشعر أنه محشور بين رغبته في البقاء شابًا، ومسئوليته** كزوج وأب، قد يستطيع بعض الرجال تخطي هذه المرحلة بالصبر والدعم، اللي عايزه أقوله عيش حياتك مهما كان سنك، واستمتع به بالإضافة إلى التمتع بمسئوليات.

ادعم نفسك بنفسك

اوعى تستنى إن حد يدعمك، أو يشدك للأمان، حلو إن يكون عندك قدوة تشدك للأمان وتنظر ليها، حلو إن يبقى فيه ناس تستمد منهم الإلهام في حياتك، منهم ترسم لنفسك الصورة الحلوة اللي أنت عايز تبقى فيها، بس زي ما أنتم شايفين حياتنا مليئة بالمحبطين والغير داعمين؛ لذلك لا بد أن أستمد الدعم من نفسي، من طموحي، من أهلي وحلمي، وأملي وحلمي اللي أنا عاوزه أوصله، مثلًا أنا في المرحلة الابتدائية كنت صغيرة جدًّا، وفي نهاية السنة الخامسة حصلت على درجة النجاح في الرياضيات، وإخوتي وقرايبي كانوا بيرددوا لي الدرجة بكل سخرية واستهزاء، في المرحلة الإعدادية، فجأة كدا حس الشطارة ظهر عندي، فسألت أختي نفسي أطلع الأولى على المدرسة، المهم أختي ابتسمت وردت عليا، وقالتلي احلمي على قدك يا علا، الأوائل دول بيبقوا عندهم مواصفات معينة، وسبحان الله لم التفت لكلامها، واستمريت في المذاكرة، المذاكرة هي كانت الوسيلة الوحيدة اللي بلجألها في تلك الفترة، وسبحان الله، ربنا دايمًا

قدير وعليم، في نفس السنة، أصبحت الأولى على المدرسة، والسنه التي تليها أصبحت الأولى على المدرسة، والمثالية على الإدارة سبحانه قدير وعليم، و اتكرمت وكانت بداية جديدة، و انطلاق في النجاح والتفوق، ومن هنا وصلت لنظرية في حياتي كلها، إن الإنسان هو أفضل داعم لنفسه، وهو أفضل مشجع لنفسه، وهو السند الأصيل لروحه وحياته، وعندما لم تجد من يدعمك، كن الداعم لنفسك، حمس نفسك بالعبارات، والكلمات، واسعى واجتهد، و اقرأ و اتعلم حتى تصبح إنسان جميل، وسعيد تفتخر بنفسك، ويفتخر الدنيا جميعها بك.

الانبهار وعدم الانبهار

في حياتنا أشياء كتيرة تدعو إلى الانبهار عندما ننظر لها من البداية، لكن بعد التدقيق فيها نجد أن الموضوع عادي، ولا يحتاج كل هذا الانبهار، الانبهار في حد ذاته يدعو إلى الدهشة، ويترك في قلبك ندبة من عدم القدرة على تحقيق الشيء الذي تشاءه في الحياة، تأمل الأشياء وتمتع بيها، ولكن لا تعطي للشيء أكبر من حجمه، لا تجعل من الانبهار يعطيك شكل مزيف وقيمة عالية للأشياء، كن متزن ومعتدل عند رؤية أي حاجة تنبهر بيها، مش كل حاجة تشوفها تنبهر بيها زيادة عن اللزوم، في شيء آخر وهو عدم الانبهار، كنت في رحلة مع أصدقائي في قصر محمد على، ووجدت صديقة لي تتحدث عن الانبهار مع التعود يصبح لا شيء، فنحن عندما نزور متحف محمد على نجد فيه من الروعة، والجمال، والعظمة، ما يبهرنا ويشدنا، ولكن عندما ننظر إلى السائق لا يكترث إلى هذا الشيء، ولكنه بينزلنا عند المتحف ويشوف هيعمل إيه تاني، و إيه اللي منتظره، وهذا لا يرجع لتفاهة السائق، ولكنه يرجع إلى إنه اعتاد على رؤية هذه الأشياء، أنا رديت عليها

وقلتلها بس عظمه وتاريخ، ولكن إنه اعتاد على رؤية الأشياء، فهذا الاعتياد هو الذي يفقده الانبهار، فهكذا الأشخاص، عندما نعتاد عليهم فإننا نفقد هذا الانبهار؛ لذلك لا تنبهر من أول وهلة، بل اترك لنفسك العنان، واترك فترة لتدقق الأمور، وهتدرك إن كل هذا الانبهار أنت تقدر تعمله، اللي عايزه أقوله إن الانبهار يتلاشى مع الوقت، مع التعود، على رؤية الأشياء؛ لذلك عود نفسك على الوسطية، لهذا المكان العريق هذا السائق من كثرة اعتياده عليه فإنه لم ينبهر به، فما عليك أنت أيها الإنسان عندما تنبهر بإنسان مثلك، وتشعر أنه عمل كل شيء في الدنيا ما لم تقدر أنت عليه كل شيء في الدنيا طالما قدرت تفكر فيها، يبقى أنت تستطيع تعمله، ما تنبهرش بأي حاجة، انبهر في المعقول، الانبهار الذي لا يعجزك، الانبهار الذي يجعل منك إنسان قادر على التفاؤل والتعايش.

الوضوح يُسَهِلُ عليك أشياء كثيرة جدًّا

الوضوح سمة من سمات الناس السالكة، الناجحة في الحياة، بمجرد الحديث مع الشخص الواضح بترتاح معه في الحديث، بتحب تتكلم معاه، ما بتخفش منه، المعتاد دايمًا إننا بنحب نكون صرحاء مع أنفسنا ومع الآخرين، فالصراحة بتدل على الصدق والثقة في النفس؛ حيث إن الشخص الواضح في كلامه وتصرفاته بتحب تتعامل معاه، الإنسان الصريح دايمًا بيكون محبوب من الناس، ودايمًا كل الناس بتحب تتعامل معاه، والتقرب إليه، تشعر بالراحة من أول لقاء تشعر وكأنه صديق لك صاحب جدع، أما الشخص الغامض، على العكس فالعلاقة معاه علاقة مؤذية جدًّا، الإنسان الغامض اللي مبتعرفش مقصده ولا تفهم نو اياه، ويا ريت على ذلك بس، مش كفاية عدم تصريحه على فعل الأشياء، دا ممكن يضللك، إنك تعمل حاجة مفيدة خاصة بيك، بالإضافة إنه بيقلل من مجهودك وطموحك، وبيحب الفوزهو بس، وبيبرر غموضه إن هو فيها المصلحة، وأن لا تتم الأشياء إلا عن طريق الكتمان، وكتمان نو اياه امتثالًا بقول

الرسول صلى الله عليه وسلم استعينوا على قضاء حوائجكم بالكتمان، الرسول صلى الله عليه وسلم ألقى هذه الكلمات، ولكن مقلش إنك تبقى غامض، اللي عايزه أقوله إن أنت لازم تكون واضح، واعي، قادر تفهم اللي حواليك، اعرف حقيقة الناس، اعرف مين الغامض ومين الواضح، ما تمشيش في الدنيا كدا أنت مش عارف الأشخاص اللي حواليك دول بينوا وبيعملوا إيه، خليك دايمًا عارف مصلحتك، ودايمًا عارف أنت عاوز توصل لإيه، عينيك على هدفك علشان توصله، بغض النظر اللي حواليك دول شكلهم إيه، ولا تطلق العنان لذهنك للتشتت والانتباه لأقوال الآخرين؛ لأن الأشخاص الخطأ في حياتنا دول بيدمرونا، بيخلوا حياتنا تتوقف، ما بيخلوناش نعرف ننجز، وهم على العكس بينجزوا، بس في السكرته من غير ما أنت تدرى بيهم، اللي أنا عايزه أقوله لك، خليك أنت واثق من هدفك، محدد خُطاك، عارف أنت عايز توصل لإيه.

مشاعرك لحظة اليأس

صلاح شاهين قال إيه، يأسك وصبرك بين إيديك وأنت حر، تيأس ما تيأس، الحياة راح تمر، أنا دقت من دا ودا، لقيت الصبر مر، واليأس مر، عجبني، طبعًا في تلك اللحظة ينتابك إحساس رهيب بالوحدة والفقد والضياع، كل هذه المشاعر بتخلق منك شخصية غير قادرة على فعل أي شيء في الدنيا، طب أتعامل معاه ازاي، فأنا أقرر أن أتخلص من هذه المشاعر السيئة، أتعود إنه لا حياة مع اليأس، ولا يأس مع الحياة، أعرف إنه المستحيل الوحيد في الدنيا إني أرجع الروح للشخص، ليه؟؛ لأن دي ملك الله سبحانه وتعالى؛ لذلك أنت كل حاجة في الدنيا أنت تقدر تعملها، فلا تيأس، أنت عندك ربنا، ربنا كريم وعليم وعظيم، لا تترك نفسك للحظة الضيق والحزن والتعب، اخرج منهم للدنيا بمنظر تاني، من رؤية الله القادر الصمد، الذي يقول للشيء كن فيكون، يغلق باب ليفتح أبواب، إذا قل لنفسك كل الدنيا وما عليها بإذن الله سبحانه وتعالى، وما ذلك على الله بعزيز، احلم واعرف إن ربنا كريم، ومتسمحش لليأس يأكل جدار

قلبك، استشعر نعمة الله في نفسك، احلم ومتفكرش أنت هتوصل بكره ل، احلم واعرف إن ربنا كريم، وساعتها برضو كمان في اللحظة دي عدد النعم، انظر لجسمك، انظر كيف الخلايا العصبية ربنا خلقها، وقدر إن ازاي يخليها بتحتوي على مليارات الأعصاب ملتفة حول بعضها ودي موجودة في الإنسان، وعن طريق الإشارات العصبية، أنا بقدر أتحرك وأحرك عنيا، وأحرك يديا سبحان الله، سبحان الخالق ربنا أوجدنا وخلق لنا أعصاب نقدر نستقبل بيها، ونرسل بيها الإشارات اللي بتكون بمثابة رسائل داخل جسم الإنسان أقدر أقوم من خلالها بأداء الوظيفة والحركة.

اكتب دايمًا حاجة تحمسك، ومواقف تشعر بيها بالقوة.

العيب فينا ولا مننا

هل احنا اللي بنتعب نفسيتنا؟ هل طريقه إحساسنا، وتفكيرنا إن احنا مش قادرين نكمل ممكن يكون سبب توقفنا عن الحياة؟، هل العيب فينا ولا مننا؟ هل احنا اللي مش قادرين نستوعب احنا عايزين إيه، وطريقة سعينا هي اللي مخلينا ما نوصلش للي احنا عايزينه، واحدة صاحبتي دايمًا تقولي أنتِ بتجتهدي يا علا بس بالطريقة الخاطئة، ساعتها كدا وقفت معرفتش أرد عليها، كنت عايزه أقولها أمال إيه الصح؟ أنا واحدة سعيت في حاجات كتير، وكل ما ألاقي الباب مقفول من ناحية، بلف وأدخل من الناحية الأخرى، واترك الباب عديد من المرات، ولكن لم أرد نتيجة فبسعى في الاتجاهات الأخرى، في النهاية، أنا بحقق حاجات كتير جدًّا، في رحلة السعي بتاعتنا ممكن أكون مش قادرة أوصل للي أنا عايزه، بس دا ممكن يكون مراد ربنا ليا شيء مختلف، خلال رحلة السعي شخصيتك بتختلف، بتتولد عندك صبر وعزيمة وطاقة من عند ربنا كدا، وساعتها بتتأمل رحمة ربنا، أثناء الرحلة، في رحلة تانية أنت بتشوفها في رحلتك، الرحلة عمرها ما كانت بسيطة وسهلة،

دايمًا هتشوف عقبات، دورك إنك تبسط كل حاجة، يعني تعمل من الصعب والمر كآس حلو المذاق، مصطصاغ، علشان تقدر تبلعه وتكمل اللي أنت بدأته، أطباع الناس مختلفة، وأخلاقهم وميولهم وثقافتهم، وعلشان أنت تقدر تكمل، لازم إنك تكون مختلف، ما تقولش يعني ممكن أطير من غير جناحات، هقولك عباس بن فرناس لما عمل كدا وقع ومات، لكن غيره استفاد من التجربة وطورها بشكل مختلف، ونشأ علم الفيزياء، وبعدها علماء بدأوا يفكروا باتجاهات مختلفة، واتركبت الجناحات، وطارت الطيارات وتطورت، اللي عايز أقوله إن الفكرة مش بتقف عند نقطة معينة، لما بتحاول تنفذها بيبقى فيه طرق كثيرة علشان توصل الفكرة، المهم إنك تكون قادر على المعافرة والتحدي، أنا عندي صديقة اسمها دكتوره ملك، دكتوره ملك معاها دكتوراه في الميكروبيولوجي، هي لسه موجودة معايا، باباها دكتور وهي طول عمرها متربية تربية جميلة، ودلوعة وفي نفس الوقت شاطرة، دكتوره ملك وضعت في مواقف صعبه جدًّا، كنت دايمًا بتكلم معاها، ملك في بداية معرفتي بيها كانت شخصية دلوعه، بس شاطره في الدراسة، خلال رحلتها مرت بظروف خليتها شخصية تانية كانت نفسها تتجوز، ودايما

كانت تقولي أنا عايزه أتجوز علشان أخلف ولاد يخلوا بالهم مني، طيب وإيه النتيجة؟ رزقت بننت تعبانة شوية، مريضة مرض صعب، ودكتوره ملك اتحولت لشخصية تانية خالص، بقت هي اللي مهتمة بالبنت، أصبحت بتعمل كل حاجة علشان تخلق منها حاجة تانية، وتخليها تتعامل مع الوسط الخارجي، وفي نفس الوقت اجتهدت على نفسها وخلصت الدكتوراه، مش بس كدا، مرض بنتها خلاها تنظر للحياة بنظره تانية، ومن اجتباه ربه ابتلاه فحدث لها موقف صعب أخوها اللي كان سندها في الحياة وكل حاجة توفى، نظرتها للحياة اختلفت خالص، وبقت شخصية غير السابقة بالمرة، أصبحت تعمل أعمال خيريه، خدت من وفاه أخوها عظه وصبر شديد، أصبحت تساعد الناس وتعمل وجبات وتروح تسأل عنهم في البيوت، انسكبت في الحزن فترة من الفترات، لكن قالت الحزن دا هيعمل فيا إيه؟ شخصيتها اتحولت، وبدأت دي تبقي نقطه قوة ليها، ملك سلمت أمرها لله، وبقت بنتها شغلها الشاغل، من مراكز صعوبات تعلم لرياضه ورضيت بقضاء الله، مش بس كدا، بقت تطلع صدقات جارية على أخوها، بقت شخصية جميله جدًّا جدًّا، إلى جانب - سبحان الله ربنا ساعات بيدينا ابتلاءات مش

علشان تخلينا نزعل ونحزن، لا علشان تطلع الحلو اللي جوانا، علشان تعرفنا قد إيه احنا قادرين على التحدي، والناس كلها تعرف، وقبل ما نبين للناس نبين لأنفسنا إن احنا مش دلوعين، الدلع وقت ما كان فيه دلع، إنما وقت ما الدنيا اختلفت بينا كنا قادرين، بل بالعكس كنا منتجين، قدرنا نفتح بيوت، قدرنا نعلم أشخاص ودي كانت دكتوره ملك - يا رب نعرف من شخصيتها إن الابتلاء بيخلق مننا شخصية تانية، بل شخصية عظيمة قصص كتير تبين ازاي نغير وجهة نظرنا للحياة، وننظر للجانب المضيء فيه مهما كان من حولنا ظلام.

استشعر بصلاتك وكن لديك يقين في أدائك

أنتم عارفين لما تصلي وتتوضأ أي اللي بيحصل جوانا بمجرد لما تتوضأ يحدث تغيرات كبيرة في أجسادنا.

فعندما يمس الماء البارد أطراف الجسد، كاليدين، والقدمين، والوجه يضيق شريان الدم فيها نتيجة انخفاض درجة حرارتها، وبالتالي يزيد شريان الدم هنا يزيد من حيوية الأعصاب، واتصال هذه الأعصاب، بالعصب الرئيسي المخ، فيجدد نشاط الإنسان إلى جانب طبعًا، إنك تنقي نفسك من الذنوب، وتزود الحسنات وتنقي الأنف من كثير من الميكروبات، تزيل الأوساخ من الجلد بالتالي تعتبر مانع لنا من سرطان الجلد؛ لأنها تزيل المواد الكيمائية الناتجة عن العرق.

يقول سيدنا محمد صلى الله عليه وسلم:

ما منكم من أحد يتوضأ... فسبغ الوضوء...، ثم حين يفرغ وضوئه.

أشهد أن لا إله إلا الله وحده لا شريك له، وأن محمد عبده ورسوله إلا فتحت له أبواب الجنة الثمانية يدخل من أيها شاء.

استشعر بصلاتك فأنت عندما تصلي تكلم الله عز وجل، ومعه تسأل وتجيب، وإذا دعوت فإنه يستجيب لك.

تجد حكمة الله في فرض الصلاة خمس مرات في اليوم والليلة، فهي بمثابة إعادة شحن الطاقة الروحية للإنسان على مدار اليوم، وإمداد مستمر للسلام الداخلي، وصفاء النفس لمواجهه أتعاب وأعمال الحياة اليومية.

قال أحد الصالحين:

"تكبر الدنيا وتكبر، ثم تكبر حتى تأتي الصلاة فتعيدها إلى قدراها".

الصلاة طاقة، لا تظن أن قيامك للصلاة سوف يرهقك ويأخذ من طاقتك بل الصلاة هي مصدر الطاقة، فقيامك للصلاة سوف يجدد طاقتك ونشاطك.

لديَّ زملاء في العمل، ساعات كثيرة بنشتغل طول اليوم، وفروض الصلاة لا نؤديها ونرجع البيت واحنا مثقلين ومتعبين، ونجمع الصلاة فلا نستشعر بلذتها، وساعات نأجل بعضها لليوم التالي، فيكون لدينا نفس لوامة، ونشعر بعدم رضا عن أنفسنا؛ لأننا لا نرضي الله عز وجل.

لاحظت أن بعضهم متقنين لعملهم لدرجه لا تتخيلها، وعندما يعطيك ميعاد يلتزم بيه الله.

فكان بعضهم عندما يؤذن الأذان على الفور أجده يستأذني، ويقولي هصلي ونكمل.

أنا بقى في عقل بالي أهم هيعطلونا عن الشغل، وأنا مش فاضية، ويستأذنني سنكمل بعد الصلاة.

وبعد الصلاة يأتوا بنور في قلبهم ووجههم وصحة ونشاط، سبحان الله طبعًا إنها الصلاة تمنع عن الفحشاء والمنكر.

وعلى الوجه الآخر الجزء التاني الذين يستمروا في عملهم، والصلاة هي ونصيبها بقى بدأت أسأل نفسي ليه هذا الاختلاف كيف بأن أشخاص يعملون نفس المهنة، ولديهم نفس الواجبات والحقوق، ومنهم من يتعلق بالمسجد بهذا الشكل، ومنهم اللي مش فارقة معاه.

والصلاة اللي ربنا أمرنا بيها، وينادينا خمس مرات في اليوم، كيف نتجاهل نداءه، ناس رابطة مواقيتها، وحياتها بمواعيد الصلاة، وأخرى لا تبالي، ولا تكرر حتى وراء المؤذن.

بقيت أتساءل واستمريت في هذه الحيرة، ويوم من الأيام ذهبت لأشتري رواية أو كتاب؛ ولأن لا شيئًا يحدث صدفة وعبثا بل هي خطة الله، لمحت كتاب بعنوان "فاتتني الصلاة" يتحدث عن لماذا يحافظ البعض على الصلاة... بينما يتركها الكثير.

يتحدث الكتاب عن الصلاة، وكيف تستشعر بها وجمالها، وأن الصلاة لا بد من التدريب عليها حتى تصبح عادة نحيا بها، ونربط حياتنا كلها بالصلاة.

وما نشعر به من طاقه ونشاط وإرادة وقوة بعد أداء الصلاة، وأن قيامك للصلاة يجدد طاقتك، ويبعد شعور الكسل عنك.

جاهد عقلك وارسم صورة جميلة للصلاة في ذهنك تكون مرتبطة بالسكينة، والسعادة والطمأنينة، حتى وأن لم تصلِ بعد، سيتقبل عقلك هذه الصورة كحقيقة، ولن تقوى عنك وسوسة الشيطان.

فكلما شعرت بالحزن افتكر الآية: (إِنَّ الْإِنْسَانَ خُلِقَ هَلُوعًا ۝ إِذَا مَسَّهُ الشَّرُّ جَزُوعًا ۝ وَإِذَا مَسَّهُ الْخَيْرُ مَنُوعًا ۝ إِلَّا الْمُصَلِّينَ ۝ الَّذِينَ هُمْ عَلَى صَلَاتِهِمْ دَائِمُونَ). صدق الله العظيم

بما إن الصلاة قوة أيضًا الصلاة راحة، قال رسول الله صلى الله عليه وسلم أرحنا بها يا بلال، إذن فالصلاة مصدر السعادة والطمأنينة فلنجعل عقلنا يتصور ذلك.

رتب يومك وأعمالك اجعلها تدور حول الصلاة بدلًا من أن تدور الصلاة حول أعمالك فتضيع.

فلكي تحافظ على الصلاة لا بد من تطبيق قاعدة five second rule، وهي قاعدة الخمس ثواني، هذه القاعدة تخبرنا أن الإنسان لديه خمس ثواني؛ ليضع القرارات الصغيرة اليومية في الفعل، وأن تذهب هذه القرارات في صورة أفكار عابرة.

فبمجرد سماع الأذان إن لم تضع جسمك في حالة حركة إلى الوضوء أو المسجد خلال خمس ثواني فستبدأ المعركة ضد نفسك، والشيطان في المشاورة في أمر الصلاة.

ونجد الحكمة في أن الصلاة خمس مرات في اليوم والليلة، فهي بمثابه إعادة شحن للطاقة الروحية للإنسان على مدار اليوم وأمان مستمر للسلام الداخلي، وصفاء النفس لمواجهة أتعاب وأعمال الحياة اليومية.

ولا تنسوا أن حياتنا عبارة عن عادات، والعادات تتحول إلى أفعال؛ لذلك من الأفضل أن ندرب أنفسنا على أحسن العادات حتى نقوم بأجمل الأفعال.

أما عني أنا فعندنا تأملت الدنيا واختلاف البشر، وبحثت إن الالتزام بالصلاة والمواقيت، ده تدريب من النفس

وتعود، وعندما تدرب نفسك وتدرب عقلك أنك خلال خمس دقائق أي ما كنت تعمل تترك ما تعمله، وتقوم لكي تصلي.

المثابرة تلك الصفة التي أراد الله العليم الخبير، أن يودعها في نفس نبيه الكريم عليه السلام، حتى تستطيع تحقيق هدفه، جاءت الصلاة بكل فيها كتدريب يومي لثقل صفة المثابرة في نفس كل من يريدها.

فعاهدت نفسي أن أختلف، وأن أحاول أربط الصلاة بشيء جميل، فعندما يؤذن المؤذن ويقول الله أكبر، فهو بقول أنا أكبر وأعلى من أي شيء في الدنيا فأنا الذي أقضي حاجتك، وأفك كربك، وأشفِ مرضك، قال تعالى: "وإذا مرضت فهو يشفين"، والقائل: "وأن يمسسك الله بضر... فلا كاشف له إلا هو".

هو الذي يبدأ الخلق، ثم يعيده

لهذا فكيف أنشغل بأي شيء وأتمسك بالمملوك، ومعي رب الملوك القادر على كل شيء.

راقب نفسك وحاسبها، وطبق قاعدة الخمس ثواني؛ كي تُحافظُ على صلاتك، اعمل جدول للمحافظة على الصلاة.

متخافش من الفكرة اللي بتخطر ببالك
فجأة بتبقى مليان كنوز استغلها

تغيرات بسيطة ممكن تغير مزاجك، العبارة دي أنا قريتها، وأنا ماشية وقفت عندها، ومبقتش عارفه أقول إيه.

ساعات بتحس إنك تعبان ومضايق ومش قادر تكمل، اوعى تيأس وتسيب اللي في إيدك، أنت بتبقى محتاج تفصل محتاج إجازة من التعب والجري على الفاضي، محتاج تغير أماكن تسافر تقابل ناس جديدة، تعيش فترة من الترفية، تروح عن نفسك، تروح الجيم، تقرأ رواية حلوة تجدد روح الأمل عندك، تعمل أي تغيرات بيها تشحن طاقتك.

ومتتندميش على شيء فاتك واعرف إن "دايمًا إلا راح راح... مش عشان قصرت... عشان مش مكتوبلك".

معظم الناس بتعتقد إن تغيير العادات يستغرق وقت طويل، ولكن العقل البشري يقوم بصورة تلقائية بالبحث عن الصورة والمتعة عشان تغير حياتك، عشان كده أنت لازم تحدد أهدافك، تجعل لنفسك حافزًا سريع للتغيير، تحطم القوالب الثابتة في تفكيرك، واعرف إن القضية ليست في أنك ليس تستطيع، ولكن تكمن في أنك لم تفعل ذلك من قبل.

حاول تفهم نفسك وتصاحبها وتعرف ميولها وتشجعها، وأي حاجة نفسك تعملها اعملها حتى لو مش في مجالك الهوايات حلوة، والتعليم مفيد في كل أشكاله.

واعرف أن لا يمكن لأحد أن يعطيك نصيحة حكيمة أكتر من نفسك، خليك دايمًا مصدق المقولة دي: "أن ما تظن أنها نهاية قد تكون بداية جديدة بتبرز شيء جديد في شخصيتك بتبن حاجة جديدة عندك، ودايمًا نقول ال "change motive".

أنا مثلًا كنت في وقت كتابه هذا الكتاب اللي ربنا وحده اللي يعلم انكتب ازاي؛ لأن طبيعة شغلي ومسئولياتي لا تسعني، ولا يتبقَ لديَّ وقت للكتابة.

بس طبعًا زي ما دايمًا بقول ربنا إذا أراد شيئًا يتم أزال كل العواقب، في فترة الكتابة، وكان هذا في كتابي الأول؛ كي تحلو الحياة في ذلك الوقت متفشي مرض الكورونا تلك الفيروس اللعين الذي تطفل علينا وعلى حياتنا، وبه اختلفت كل الظروف، وأصبح الجلوس في المنزل تحت شعار "at stay home"، طبعًا خوفًا من انتشار ذلك الفيروس اللعين الذي بدأ انتشاره من الصين من بلده واهان؛ وذلك لأكلهم حيوانات،

وطيور ويقال أن سبب هذا الفيروس هو أكلهم لخفافيش التي تحمل تلك الفيروس.

والذي انتشر من هذه البلدة إلى جميع أنحاء العالم لإيطاليا وأمريكا، ثم إلى مصر، وطبعًا من خلال السياحة والانتقالات.

وطبعًا أثناء حظر التجوال بدأت تظهر مواهب كتيرة زمايلي عاملوا عرايس جميلة، واللي اشتغل كروشيه، واللي عملت حلويات، واللي أخد كورسات online، وأنا بدأت أكتب بعدما كانت الكشاكيل في الدرج كل أما تجيلي فكره أكتبها في الكشكول إلى أن جاء الوقت، وكتبتها وسلتني جدًّا بتقرأه ساعتها، والحمد لله نُشِرَ الكتاب الأول، وَنَال النجاح، وها أنا بكتب الكتاب التاني الآن، وهو اللي حضراتكم، وهو يوم جديد.

اللي عايزه أقوله إن الحياة مستمرة، تستمر برغم كل شيء، عشان كده خلي دايمًا عندك هدف وهوايات واعمل الحاجات اللي أنت عايزها؛ لأنك مش عارف، ربنا ممكن يغير الدنيا، ازاي في غمضة عين عشان أنت تقدر تستغل الفرصة عشان تعمل اللي أنت عايزه.

دايمًا أكتب الأفكار التي تأتي إلى ذهنك، وأدرسها، وحدد كيفية الاستفادة منها، وكيفية تنفيذها.

اوعى يغرك المنصب في الحكم على الأشياء

واحدة صديقتي تحكي لي: أنا كان زمان، وأنا بابايا في المستشفى حاصلي موقف كده زي ما أنتِ عارفة ماما طول عمرها عايزه تجوزني دكتور عشان الدكتور علم ومنصب، ومش أي حد يبقى دكتور، بس اللي ماما متعرفوش إن الأخلاق، والانسجام ما لوش علاقة بالمهنة، طبعًا أنا مش بزم في الدكاترة أنا صحابي كتير دكاترة وأجدع ناس، اللي أنا بحكيه دلوقتي إنه مش عشان دكتور يبقى كامل مكمل، الحكاية وما فيها كان في دكتور متابع حالة بابا، الدكتور أعجب بيا وطبعًا أنا ماما وأمانيها خلتني انجذب له، بس الموضوع متطلعش زي ما أنا متخيله طلع منظر من بره بس، أما من داخله أجوف بيعاكس بنات كتيرة، وكذلك الممرضات، وحاول معايا أنا كمان يوقعني في حبه، عشان أتعلق بيه وساعتها هيضحك علي؛ لأنه مش مستعد للارتباط.

وطبعًا أنت عارفة إن دايمًا في الأزمات الواحد مننا بيحتاج لكلمة حلوة، لحد يقويه ويسنده وقت التعب، ودا كان

حالي دخل في حياتي الدكتور المعالج بوالدي، وأنا في قمة الضعف والتعب.

طبعًا كان معاه رقم تليفوني عشان كان بيطمن على بابا، وأنا كنت بكلمه على طول، وأستشيره في حاجات كتير.

وطبعًا ماما فرحانة بكل ده، وبتشجعني عشان أكلم الدكتور المنصب فارس الأحلام.

مرة كلمته رد على زميله سألته عليه رد وقالي إنه في العمليات أقوله مين، قلتله نيرة قريبتك، ضحك جدًّا، وقالي كلهم بيقولوا كده.

ما ختش الكلمة على محمل الهذار، وبقيت أحلل إيه المقصود من الكلام، وفعلًا لما كلمني بدأ يطلب إنه يقابلني، ويقولي أنا معجب بيكِ بس عشان أنتِ بتفكريني بواحدة زمان أنا كنت بحبها وبابا رفض يجوزهالي.

رديت عليه بكل قوة وقلت له، وأنت بقي ماشي بتدور على أشباهها، أنا بقى مبحبش أكون شبه حد.

أنا بفضل الله ربنا معايا، وعندي القدرة إني أفرمل نفسي عن أي علاقة أشعر إن كرامتي، وشخصيتي هينقضي عليها.

ورديت عليه بكل قوة، وقلتله مش أنا اللي ينضحك عليها، ومع ألف سلامه.

ومن اليوم ده شخصيتي بدأت تتبلور بشكل تاني، وبدأ المنصب مش هو أهم حاجة في اختياراتي، هو حاجه من ضمن حاجات كتيره لازم آخد بالي منها، مش كل حاجة زي ما ماما كانت عايزه.

وفعلًا الدكتور ده اتجوز بعد كده دكتوره زميلته بس الجواز لم يكتمل، وخلعته بعد كده، وبهدلها كتير بسبب سلوكه الغير سوي.

أما عني فالحمد لله ربنا عوضني بزوج صالح هو خريج علوم، يعني مش طبيب بس حد متفاهمة معاه وعايشه معاه أحلى حياة، وربنا رزقني منه بأربع أطفال هما ثروتنا في الدنيا، بنساعد بعض وبنعافر سوى عشان ربنا يبارك في أولادنا.

وطبعًا في البداية والدتي كانت رافضة الجوازة؛ لأنه مش دكتور بالإضافة إني كمان هسكن في الأرياف، بس سبحان الله أنا كان عندي شخصية وعارفة أنا عايزه إيه، فصممت على الجوازة والحمد لله عايشه دلوقتي، وأنا مبسوطة وراضية؛ لأني

اخترت اللي هيريحني أنا، بعيد عن المظاهر الخداعة والألقاب اللي مش بتنفع إلا صاحبها؛ لأني كنت محتاجه إنسان وزوج يشارك معايا حياتي، ونفرح ونتعب ونوصل سوا.

أنتم عارفه لسه واحدة صاحبتي كانت بتكلمني فبتكلم معاها بقولها أنا زعلانة على العريس ده، شخص كان متقدملي ومحصلش نصيب، لقيتها بتقولي متزعليش، أنا شايفه إنه مستواه أقل منكم شويه، تصدقي إني زعلت أكتر إني حكتلها؛ لأن فعلًا الولد ممتاز وخلوق ومحترم وطموح، بس سبحان الله كل شيء نصيب.

بس أنا فعلًا بقيت مثلك وجهة نظري اتغيرت جدًّا، فكرة إني أتجوز عشان يقولوا اتجوزت فلان، دي فكرة غلط جدًّا.

فكرة إنك تخلي الناس مقياس في اختيارات، أنت كده بتظلمي نفسك، وبتحكمي عليها بالفشل، وإنها تكون محط أنظار الناس، أهم حاجة في الدنيا هو أنتِ "نفسك" دي اللي عايشه معاكي دي اللي لما بتنبسط بتعرف تنتج، وتعيش، وتعطي.

أهم حاجة في العلاقات الألفة اللي بتولد بينكم، والحب والتفاهم والاحترام والثقة، نحِّي الناس جانبًا، وفكر ودور، واعمل اللي أنت عايزه، ومهتم بيه.

ما فيش حاجة في الحياة كاملة، أهم حاجة يبقى في تواصل صحي وتقارب لوجهات النظر، وعشرة طيبة، وبكده تحلو الحياة.

اكتب هنا إلى أي مدى وجهة نظر الناس بتأثر عليك، وإلى أي مدى أثروا على قراراتك؟

حدد الإيجابيات والسلبيات التي أثرت عليك بسبب الظاهر، وحاول تتغلب عليها.

الوعي سر السعادة

طاقتك سر نجاحك وأنت سر سعادتك الجملة دي أنا قرأتها، وأنا ماشية في الشارع على الحائط لقيت نفسي وقفت جنبها، قد إيه الجملة دي ممكن تغير مستقبل وحياة، ممكن تشقلب الدنيا من حواليك، قد إيه أنت لو عندك وعي وإدراك بالعبارة دي ممكن تعمل كتير، وهي "أنت".

أنت سر سعادتك؛ لأن محدش يقدر ينقذك من الحياة ومتاعبها سوى نفسك، كن على وعي ويقين إن مش كل باب يغلقه ربنا في وجهك ليعاقبك بل لكي يراضيك، يعني تقبل الأمور، واشعر بالسعادة، وعيش بسر الآية العظيمة "لعل الله يحدث بعد ذلك أمرًا".

احنا مش مطلوب مننا إننا نحل كل مشاكلنا بس احنا ممكن ننظر للمشكلة بشكل تاني، نحاول نبسطها ونعرف إن ما لا يقضى بالفكر يقضى بالذكر مش بقول إني أستغفر وأقعد في مكاني، لا طبعًا أنا بس بقول متخليش التفكير يشل حركتك؛ لأن شغل البال زيادة عن اللزوم بيهد، حاول تخلق اللحظة السعيدة بنفسك، خلي عندك قيم في الحياة، وبدل ما تخليها

تيجي بالصدفة اصنع أنت الصدفة، تصالح مع نفسك، اعرف عيوبك، ومميزاتك فعلًا لما هتعرف نفسك هتختلف، وهتختلف بيك الحياة.

كنت بتكلم مع صديق لي، وفجأة جاله تليفون واحد صاحبه محتاج بلازما وأكياس دم، لقيته بيتكلم مع نفسه وبيقول هو ليه الناس كده، ليه لما بيحتاجوا الحاجة بس بيحسوا بقيمتها، ليه وهما أصحاء ميروحوش يتبرعوا إلا لما حد من أحبابهم يحتاجوه وبشدة، ليه ميكنش تفكيرهم إنهم لازم يعملوا كده من الأول مش لازم أحتاج بشده، وبعدين أبدأ أتحرك، ولقيته كمان بيقولي عندنا في العمل الأشخاص اللي بيشتغلوا معايا، بيشتغلوا وخلاص من غير هدف ولا اهتمام، فكرتهم إنهم موظفين وفي قطاع عام قاتل فيهم روح المجازفة والطموح، حياة الروتين قتلاهم، ييجوا الشغل يعملوا اللي مطلوب منهم ومعندهمش استعداد يبتكروا أو يسهلوا على نفسهم الشغل، بل روتينيين جدًّا، ومعندهمش استعداد من إنهم يطوروا من نفسهم، وطبعًا معبئين ب Negative emotions يعني في منتجات لو عملناها marketing بطريقة مختلفة هنبقى من أقوى الشركات، عندنا مساحات ممكن

نستغلها للدعاية التسويقية، ونزود مراكز البيع، وأفكار بسيطة وأسعار قليلة والعائد هيبقى كبير، بس للأسف مش بيحاولوا حتى يفكروا في التطوير.

ده كان كلامه ودي فعلًا مشكلة كبيرة، وهي الروتين والتسليم بالأمور زي ما هي، وإننا منرضاش نغيرها.

لو كل واحد فينا حاول يشتغل بقلبه وعقله، وعرض أفكاره واتعامل مع المؤسسة اللي هو فيها إنها بتاعته، ويخاف عليها ويحاول يطورها، هيحس إنه إنسان مختلف، والدنيا هتتطور من حوله، محتاجين ضمير وإتقان، وإحساس بالمسؤولية.

واعرف دايمًا إن المحاولة قد تؤدي إلى الفشل، ولكن يستحيل أن تؤدي إلى الندم. "ويل سميث"

متخليش حاجة توقفك ولا تخوفك، اعمل اللي أنت مطالب بيه وحبه، وجرب وحاول واكسر شماعة الظروف، ادعي ربنا، وقوله يا رب قويني وازرع جوايا الأمل، واعرف إن كل حاجة موجودة جواك، واعرف اللي ميشربش من بحر التجربة، بيموت عطشان.

اغتنم وقت فراغك

"الفراغ" الكلمة في حد ذاتها بتقتلني، الفراغ ده ممكن يخليك تعمل كل حاجة وحشة، ويخليك عندك طاقة شر فظيعة أصعب حاجة في الدنيا إنك تبقى موجود فيها، وأنت فاضي كده ما فيش حاجه شغلاك، أعرف واحدة صاحبتي مجرد ما يبقى عندها فراغ تحب أو تبقى عايزه تتحب فتحب أي حد وخلاص مجرد إنها تملأ الفراغ اللي عندها، وده طبعًا بيخليها تندم كتير عشان اللي اختارته ده مش مناسب ليها هي مجرد عايزه تملأ الفراغ اللي عندها، وواحدة تانية أما تبقي فاضية بتشرب سجاير، والله بتكلم بجد ده فعلًا بيحصل لهم لما بيبقوا فاضين وورهمش حاجة، المهم إن البنات دي ولاد ناس، وعلى مستوي أخلاقي عالي والله، بس سبحان الله الشيطان بتاعهم بيظهر في الفراغ، واحد تاني بيشرب حشيش وممكن يمشي مع ناس غلط وأي حد يضحك عليه، طبعًا أنتِ بتقوليلي كفاية أنتِ بتشيلي الفراغ، أخطاء ناس أصلًا شيطانهم راكبهم، وعايزين يغلطوا.

هقولك أبدًا والله الناس دي أنتِ لو عرفتيهم هتستغربي جدًّا بس والله الناس دي وقت الشغل بتنتج جدًّا وشاطره جدًّا، بس لما الفراغ بيمتلكهم يبدأوا يغلطوا جامد.

ناهيكِ بقى على اللي بيكلموا بنات من خلال الفيس وعلاقات وبلاوي، أنا مش بتكلم عشان أصدر مشاكل وأخطاء

أبدًا والله، اللي عايزه أقوله إنكم متوصلوش للمرحلة دي، شوف نقطة ضعفك إيه، واتغلب عليها، واعرف إن أغلى حاجة في الدنيا الصحة والوقت دول فعلًا الحاجة اللي مش بنقدر نعوضها، عشان كده بكتب الموضوع ده، وبتكلم فيه عشان لازم تحدد نقطة ضعفك فين ومن خلالها تقدر تعرف المشكلة وتحلها، لو الفراغ بيكون سبب إنك تفكر في حاجات غلط حاول تتغلب عليه يعني متسبش نفسك الشريرة تتغلب عليك، قبل ما تعمل الغلط راجع نفسك، متسبش الفراغ يسحبك لحاجة تغضبك وتغضب ربنا، خلي دايمًا عندك حاجة تعملها وقت فراغك "ورد قرآن، مساعدة حد، ماسك بشرة، اهتمام بنفسك، ارقص زومبا، العب رياضة، مارس هواية، اتفرج على حاجه تفيدك على الموبيل، اتعلم لغة"، خلي دايمًا يكون عندك اهتمامات تانية بره شغلك ومسؤوليتك لما يكون

عندك فراغ تهرب ليها تهرب لحاجة حلوة شيء يساعدك ويعليك ويقربك من الله سبحانه وتعالى، والله أنا بشوف شباب بتعمل خير شكلهم يشرح القلب، دور على الناس دول اتعامل معاهم انزل مؤسسات، وقول أنا عايز أساعد، اقتل فراغك اتثقف اقرأ كتب مفيدة، اختلف يعني خد وقت ترتب فيه نفسك من الأول تشوف ميزاتك، وتحافظ عليها، وتشوف عيوبك، واتغلب عليها.

متخليش طموحك يكون سبب اكتئابك

الطموح هو سر الحياة الإنسان الطموح بيكون إنسان ناجح في الحياة بيقدر يوصل إلى ما يتمناه، في بعض الوقت بيكون الطموح نقمة لهذا الإنسان، وده لما يسيطر على كل تفكيره، ولا يجعله يأخذ المغذي من الأشياء، وحكمة ربنا.

في ناس أصدقائي من كتر طموحها وإنهم يوصلوا لهدفهم بيكون على حساب الآخرين، وممكن من كتر طموحه يشعر باكتئاب.

لا يصل الإنسان إلى حديقة النجاح من دون أن يمر بمحطات التعب، والفشل واليأس، وصاحب الإرادة القوية لا يطيل الوقوف عند هذه المحطات.

كن على الهمة ولا ترضى بغير القمة بس بصبر، وعزيمة، وأمل، وتفاؤل

وإذا عملنا هو ممكن اليوم--- صار ما هو مستحيل اليوم ممكن غدًا، فعندما تصل إلى عمق معنى كلمه النجاح تجدها تكمن في الإصرار.

أنا أستطيع بإذن الله سأحقق أحلامي، وسأنجح، وأبتسم، وسأفرح، وسأفعل كل الأعمال العظيمة التي سأريدها بإذن الله،

حدد الأسباب التي ستكون سبب نجاحك وادعمها.

الوقت كالسيف إن لم تقطعه قطعك

كثير مننا من أصدقائي بيهاجموني إن أنا بحب أتعلم، لقيت كورس تحليل أخده، تغذيه وماله، كتابات كتب تلخيص ميضرش، دروس لطلاب أذاكر إيه وإيه المشكلة وإيه يعني، كورس تفصيل ملابس أخش فيه، على فكرة التنوع في الحياة دا حاجة جميله جدًّا، المشكلة إنك تتعلم وتعلم، المجالات دي بتخليك بسيط، وبتخليك مبسوط، دايمًا أُؤمن بكلمة حينما أنبتك الله أزهر، الوقت موجود على فكرة ونقدر نعمل كل حاجة، أنت اعمل بس، فكرة إن الوقت اللي أنت مابتستغلوش دا كدا أنت مش بتعمل فيه حاجة، فليه أنت متستفيدش منه، كل حاجة بتعلمنا في مرور الوقت، ماديًّا ونفسيًّا واجتماعيًّا، وكمان نفسيتك بتبقى مرتاحة، مش بتحس بالملل، بتتكلم مع طبقات مختلفة، والطبقات المختلفة دي هتخليه عندي رضا جوايا، وأعمار متباينة، صدقني روحك هتصغر، أهم حاجة في الموضوع خد النصيحة من اللي حواليك، مع العلم إنك لازم

تكون واثق من نفسك، عارف مهاراتك وقدراتك؛ لأن ساعات اللي حواليك آرائهم بتبقي ضدك؛ لأنهم بيشوفوا حاجة من منظور تاني هما مش مدركين اللي أنت عايش فيه، شايفين إن المجالات دي بتضيع وقتك، مع العلم إنك لما تقارن حياتك بيهم تلاقيهم مابتستغلوش الوقت دا، في الوقت دا أنت بتتعلم مهارة جديدة، بتعاشر ناس جديدة، بتآخد مهارات جديدة، اللي بيتعلم دايمًا بيساعدوه ويوقفوه، علاقتك، واختلاف حياتك بتجعلك هدف وحياة، وفي حاجة تانية برضو حابه أتكلم عنها، علاقتك بنفسك، يعني إيه علاقتك بنفسك، أهم حاجة في الدنيا هي علاقتك بنفسك، أهم شخص في الوجود هو أنت، أنت الذي بتبني أفكارك، علاقتك بنفسك هي اللي بترسملك الطريق، هي اللي هتوصلك لبر الأمان، لو شايف كل اللي حواليك ومش قادر تساعد نفسك، وتلهمها، يبقى كدا فيه حاجة غلط، لازم تدي لنفسك الأولوية القصوى، ليه بقى؟؛ لأنك بكدا هتوصل بحالة من الرضا اللي بيها تقدر تساعد اللي حواليك، وأنت راضي وفرحان، ومش حاسس بالظلم والقهر

ساعد نفسك، اعرف دايمًا إن ربنا خلقك لحكمة، ربنا لم يخلقنا عبثًا؛ لذلك حاول أن تهذب نفسك، اخلق مع نفسك شخصية تانية، وتخلص من الشخصية السيئة، اجعل من نفسك الإنسان الذي تتمناه، ادعم نفسك بنفسك، لما تلاقي حاجة وحشة غيرها، وبكدا هتلاقي نفسك بتبتدي بداية جديدة، وبتعيش حياة جديدة سعيدة مختلفة، وفيها فرحة، وفيها أمل، وفيها حب.

تجارب الحياة بتفرق معانا كتير

الحياة تجارب ولازم نعيشها، مع العلم إن العوض من ربنا سبحانه وتعالى، ربنا حاسس بينا وبيعوضنا، في موضوع أنا بحب أتكلم عنه، وهو موضوع الطلاق وتأخر سن الزواج، هل دا بإرادتنا ولا غصب عننا؟

طيب الشعور دا بيصيبنا بإيه؟

بتكلم مع صديقة لي عن الجواز، للأسف كانت منفصلة، بس وجدت بها كمية اكتئاب رهيبة جدًّا جدًا، وكل دا ليه؟ بتقولي أنا مفتقده مشاعر الأمومة، مشاعر إني أحلامي كلها ضاعت، واحنا صغيرين كنا شايفين إن الحياة كتالوج، زي الأطفال كدا من ابتدائي لإعدادي لثانوي، لما كبرنا عرفنا إن كل واحد ليه قصته، وإن اللي كنت شايفاه غريب بقى بيحصلي، تلاقي نفسك محطوطة في موقف عمرك ما كنت تتخيل إنك تشوف نفسك فيه، وكمان أنا متقبلاه، وهعيش اللي كنت مستغرباه، هتلاقي نفسك بتعيش بشخصية تانية، واللي كنتِ بتنتقديه هتلاقي نفسك بتعيشه، مثلًا أنا في البداية زي أي بنت، أنا دكتورة جميلة، كل حياتي كانت مفعمة بالأمل والحب

والحياة، بحلم بحياة جميلة، كان عندي زميل لي في الجامعة، كان شايفني، ابتدى يرتبط بيا، وكنت شايفاه عريس مناسب، ابتدينا نعمل شقتنا، والحمد لله اتجوزنا والدنيا تمام، بعد شهرين من الجواز لقيته عايزني أنقل من الشقة، طب دا لسه العفش موجود، لسه الدنيا جديدة، لسه ملحقتش أفرح بيها، طب أنا كنت بفرش ليه دا كله، وأعمل إيه، المهم بدون أي مناقشات أو بدون أي كلام، اتفق هو وأهله وخدني إسكندرية، بعد كدا جيت من إسكندرية لقيت شقتي من غير عفش، طيب ازاي، هو أنا جاموسة بتجر؟، ولا أنا مش إنسانه، طبعًا جالي حالة صدمة كبيرة جدًّا، طب قولي، طب فين عفشي فين شقتي فين غسالتي فين ثلاجتي، وأنا بقالي شهرين لسه متجوزه، فجأة الدنيا وقفت وعقارب الساعة لما تتحرك، وكل هذا حدث في خلال شهرين، طبعًا بعد ذلك أهلي لم يوافقوا على اللي حصل، ابتدى تحصل مشاكل، حصل الطلاق، دخلنا محاكم، عملت خلع، جبت حاجتي كلها تاني، وثبت حقوقي، ودي كانت النتيجة إن أنا مطلقة بقالي ٨ سنين، سألتها طب ليه ما تصلحتوش معاه؟ ردت قائلة يعني بعد ما أدخل محاكم ونيابة ويحصل كل دا، أرجعله ازاي؟ أنا معدتش حاسة بالأمان، بقيت فاقدة كل

شيء في الدنيا، حسيت بخيبة وغدر، واتفاجئت إنها بتقولي إنه كان بيضربها، وبيضعها أمام الأمر الواقع، وأنا بقالي شهرين بس متجوزة، المهم التغيرات النفسية اللي حصلتلها، بعدها كدا بتقول إنها مقدرتش تقلع الدبلة، وفضلت الدبلة في إيدها سنة ونص، مقدرتش تواجه الناس، مش قادرة أقولهم إن أنا انفصلت، بشتغل ومش قادرة أتكلم، وفي نفس الوقت ساكته، مش قادره أعمل أي حاجة في حياتي تاني من الصدمة، إلا أن مرة صديقة لي كانت صيدلانية زيي، بس هي كانت منفصلة، لقيتها بتقولي إيه اللي أنتِ عاملاه في نفسك يا بنتي، واجهي المجتمع واجهي الناس، إيه يعني، دي ظروفك ودي حياتك، اقلعي الدبلة وواجهي المجتمع، ومن ساعتها، وأنا خلاص الحمد لله اتعافيت، وقلعت الدبلة، وحمدت ربنا على التجربه، وبقيت أواجه الناس، وابتديت حياة تانية جديدة، ابتديت أكمل الماجستير في الكلية، وحاليًا أنا بعمل الدكتوراه، الحمد لله ربنا كرمني، وقدرت أحقق امانيا وأحقق هدفي، حمدت ربنا على كل شيء، بس مش عايزه أقولكم أنا قد إيه كنت شاعرة بالإحباط، قد إيه أنا كانت حياتي صعبة، شعوري أنا بقى لما صديقتي كانت بتحكيلي عن زوجها، وبتقولي إنه ما كنش عايزنا نخلف، طب

أنت متجوز ليه؟ اللي عايز أقوله للشباب إن البنت اللي واخدها دي بنت ناس، ليها حياتها، ليها شخصياتها، بتحلم بالأمومة، بتحلم بالفستان والطرحة، وبتحلم بحياة سعيدة وحياة حلوة هي عايزه تعيشها، قبل ما تتجوز لازم تكون متأكد إن أنت قادر تتحمل المسؤولية، قادر تأخذ القرار، متبهدلش ولاد الناس معاك، الجواز مش سهل، وكمان الانفصال مش هسهل، فأنت لازم تكون ناضج كفاية، هذا رباط مقدس، ربنا سبحانه وتعالى أوجبه؛ ولذلك لازم احترامه وتقديره، ونعرف إن أبغض الحلال عند الله الطلاق؛ لذلك قبل ما توصل لمرحلة الانفصال اقعد مع نفسك، شوف هتظلم ولا مش هتظلم، أنت ممكن تتجوز تاني، إنما البنت دي بتنكسر ما بيبقاش عندها القدرة إنها تبتدي حياة تاني.

ياريت كدا وبس، دا بيسيب في قلبهم ندبة، يعني أنا زميلتي بتقارن نفسها بيا، بتقولي أنتِ مثلًا لسه عندك أمل، أنتِ دايمًا بتتكلمي بالأمل؛ لأنك منجرحتيش من حد، أما أنا شايفة إنه مفيش أمل، بعد تجربتها أصبحت تكره كل حاجة، شايفه إن الراجل دا حاجة هامشيه، إن هو وسيلة بس علشان تحقق بيها حياتها، إنها تبقى أم، وسيلة بس إن يبقى ليها شقة، ويبقى

عندها صالون، وسفره زي ما بتقول، دي الطريقة اللي اتكلمت بيها زميلتي، وبالتالي الجواز شقة وأطفال، وسيلة إني أقدر أسافر وأقدر آجي والراجل آخر حاجة ممكن إن احنا نفكر فيه، على عكس طبعًا طريقة تفكيري، أنا لسه زي ما أنا، شايفه إن الجواز سنة الحياة، الجواز مودة ورحمة زي ما ربنا قال، شايفة إن الراجل الصالح دا اللي أنا أقدر أكمل معاه حياتي، وأقدر أتكلم معاه، ومن خلاله نقدر نربي الأطفال، ونقدر نطلع متجمع صحي وأطفال أسوياء نقدر بيهم نوصل لحاجة كويسة، دي المشكلة، بيتركوا لديهم ندبات، عقد مخفية رهيبة، اللي أنا بتكلم فيه، إني بقول لأي بنت متخليش حاجة تأثر فيكِ، حتى لو التجربه جت سلبيه عليكي، دي تجربه وبتمر، عادي مفيش أي مشكله، الرجالة كتير على فكرة وبتمر بالتجارب دي، أنا عايزه أقول على حاجة إن الرجالة بعد الطلاق بيبقى عندهم نفس الاكتئاب، وهتقولي عرفت مين، هقولكم احنا مثلًا بيتقدملنا عرسان مطلقين ومنفصلين، لما بنتفقد أحوالهم بنلاقيهم هم شاعرين بالاكتئاب، بيبقوا بيجروا علطول إنهم يتجوزوا جوازة تانية، عشان هم دايمًا حلولهم سريعة، مابينتظروش، بيبقوا عايزين أي حد يداوي الجروح اللي فاتت،

فبيقول أي حد مش مشكلة، ربنا سبحانه وتعالى مديني مثنى وثلاث ورباع، فبيقوموا جايين يدوروا على زوجة تانية، الزوجة التانية دي مش أي زوجه، بتبقى حد متعلم ومثقف وفيه ناس كمان بتشترط إنها تكون متجوزتش قبل كدا، كل دا علشان يرضي غروره، ويعرف إن هو مغلطش، الواجب علينا بقى، الزوجة التانية دي بقي متستنهزش الفرصة، البنات اللي بيجيلها عرسان منفصلين يتفقدوا الأمر، لا ينتظروا إنهم يتعافوا، يسيبوا لنفسهم وقت إنهم يشوفوا الشخصية دي سوية أم لأ، ظلمت أم اتظلمت، ليه؟ علشان فيه ولاد ناتجين، الولاد الناتجين دول هيبقى فيه ولاد من الأم الأولانية، وأولاد من الأم الثانية، فاحنا مش عايزين نصدر للمجتمع ناس غير أسوياء يكبروا برضو ويتجوزوا في بنات الناس ونعيد نفس التجربة تاني، ليس معني كلامي انك ترفضي الزواج من رجل منفصل؛ لأن في الأول والآخر كل شيء نصيب من الله، ولكن بعدما تتفقدي الأمر، وتري الأمور واضحة وتعي أنك ستشعري معه بالأمان، وكتير من التجارب ناجحة أمامنا لنساء ورجال انفصلوا ورزقوا بزيجات أفضل وحياة أهدأ، أنا بتكلم إن كل واحد رقيب على نفسه، كل واحد يقدر يحكم في نفسه بطريقة

مختلفة، يبدأ يبني نفسه من أول وجديد، يعود نفسه على الصبر وعلى تحمل المشقة، لا يترك نفسه عرضة للاكتئاب، يعرف يآخد القرارات سليمة، وبكدا نحيا حياة سعيدة، وتحلو بنا الحياة، ونشعر كل يوم بشعور اليوم الجديد.

اكتب التجارب أثرت فيك ازاي، وكيفيه الاستفادة منها.

اكتب تجربة مريت بيها، وشعورك ساعتها إيه، وكيف تغلبت على هذا الشعور.

اختلاف التربية عبر الأجيال

التربية مسئولية وأمانة، ومهمة ليست بسهلة، وفي الوقت الحالي اختلاف الأجيال سواء أولياء الأمور والأبناء فالموضوع لم يصبح هينًا؛ لذلك أنا هنا بضرب أمثلة لأشخاص بيفعلوا الأشياء أمام أولادهم لا بد من الأخذ في الاعتبار، ومتابعة أفعالنا أمامهم حتى نستطيع أن نربي أجيال سوية في المجتمع لا بد أن نقرأ عن التربية ونتحمل المسؤولية حتى لا نقع في منتصف الطريق؛ كي يصبحوا أولادنا عونًا لنا لا عبء علينا.

بتكلم عن نوع الأمهات اللي بتشوه صورة الأب أمام الأبناء، وتشتم عليه أمام الأبناء، أنا لما بشوف المنظر، أنا بجد مستاء من جوايا، ليه كدا؟ أنتِ اتجوزتي علشان خاطر تجيبي في أولاد، وتشتمي في أبوهم قدامهم؟ طب ليه؟ وعايزه أقولكم عن حاجة، الناس دي بتبقي كويسة، بس بتبقى مريضة نفسية من جواها، بتبقى مش عايزه تبين الصورة الحلوة اللي هي عايشه فيها أنا بشوف أما بيجوا يتكلموا عن الأب قدام أولادهم

بالطريقة دي، الحاجات دي بتخلي الولاد ميحترموش باباهم، ما هما طالما محترموش باباهم مش هيحترموا أي حد تاني، بيبقي الراجل بالنسبالهم حاجة كدا تافهة، وحاجة تسب وتلعن كل شوية، فأنا برضو نفسي تحلوا مشاكلكم مع نفسكم، مينفعش قدام الأطفال، مينفعش الأم تشتم على الاب قدام الاولاد، وكذلك العكس، مينفعش الأب يشتم الأم قدام الأولاد، حافظوا على هذا الرباط المقدس، حافظوا على البيت والعيلة علشان منخلفش ناس تبقى النتيجة إن البنت بتهرب والولد بيشرب، وبيبقوا مش أسوياء، وناس كتيره بتضر الباقي، وفيه أمراض نفسية كتيرة على فكره، أنا عندي واحدة اكتشفت إن عندها مرض السرقة، ودا مرض نتيجة إن في البيت علاقة باباها ومامتها مش سوية، والولد بيشرب، فهذا عمل للعيال اضطراب نفسي، فانت كدا بتورد للمجتمع ناس غير أسوياء.

يعني اللي أنا بقول فيه، إن احنا نخلق من نفسنا، وندرب نفسنا أن نعش حياة حلوة، وندرب نفسنا على الصدق والإيمان وقراءة القرآن، وحب الخير والوفاء والمحبة، حكاية

أخرى صديقة لي كل شوية جوزها يآخد منها الفلوس، ويسيبها هي اللي تشتغل وتصرف على البيت، وكمان مش عاجبه، ويقول أنا كدا مش مشكله أنا كده، وعندما يتحدث ويستفزها، طبعًا مثل هؤلاء مفيش رادع ليهم، ودا بيبقى راجع إن تربيتهم من البداية بتبقى هي السبب او لها عامل ليس بقليل، الأم والأب هما اللي سابوه يعمل كدا ويتواكل على غيره، وأنا بكتب للأجيال الجديدة إنهم يتقوا الله، يتقوا الله في أنفسهم وفي تربية أولادهم علشان ميصدروش للمجتمع أشخاص غير الأسوياء، على النقيض من ذلك لازم تعلموا ولادكم القرآن، وممارسه رياضة، وتربوهم كويس ودايمًا تتابعوهم، وتربوهم على كتاب الله، وقوانين الله سبحانه وتعالى وتعرفهم الحلال والحرام، يعودوا للعادات الأصيلة، للنخوة والرجولة والقوامة، وأن يعطي كل شيء حقه، فيه صديقه لي، صديقتي دي جميلة جدًّا ومتجوزة راجل ذو منصب، ولكن عشرته كانت صعبة جدًّا، هو شخصية صعبة العشرة، ولكن هي مستسلمتش؛ لأنها كانت مؤمنة بمبدأ، إن هي مينفعش إنها تنفصل وهي عندها أولاد؛ لأن

الأطفال دول أمانة، هبة من الله سبحانه وتعالى، فهي كان عندها ولد وبنت، عزمت انها لازم تخليهم حاجة تفتخر بهم، وقالت إن الأب وجوده في حياة الأولاد من أهم الاشياء، وإن هو بيبقي السند والدعم ومسئول عن خلق نفسيه سوية، وتحملت قساوة شخصيته، وصبرت ودعت ربنا وقالت نصيبي وقسمتي، ولكنها قالت أنا عمري ما هصدر للمجتمع أطفال غير أسوياء، أخدت كورسات عن التربية، وبدأت تربي أولادها، تربية سليمة وسوية، لم تضع نفسها في منصب الضحية، بل خلقت لنفسها هدف ولأولادها، وحمدت ربنا على النعمة، وقالت دي هبة وعطاء من الله سبحانه وتعالى، كما قال الله سبحانه وتعالى: (المال والبنون زينة الحياة الدنيا)، وقالت أقدار الله دي أنسب أقدار، وعطاء الله خير، وأصبحت تدرب نفسها، وتحل المشاكل اللي هي فيها وتتفاهم مع أولادها، وتآخد كورسات، وقرأت كتير عن التربية، وازاي تربي، وازاي تخلق أولاد أسوياء لدرجة إن هي دلوقتي بقت مدربة أولياء أمور، وبقت بتنشر طرق تربيتها علشان تقلل من خسائر المجتمع، وتصدر لهم

أشخاص أسوياء، من كل قلبي أنا بحييها، وبوجهلها تحية، وبقولها أنا فرحانة بيكِ وباللي أنتِ وصلتيله، من أولادك من نجاح، وفي النهاية جزاء الصبر جبر، مش هتتخيلوا إن جوزها اختلف معاها، في المعاملة والطريقة؛ لأنها صبرت، وقالت دي نعمة من ربنا ولازم أكافح، وفي الآخر هو قدري، بعد فتره أدرك هذا الرجل فطنة وذكاء وجمال هذه السيدة الجميلة حرمه المصون، وتجاوب معها؛ لأن هو أصلًا من البداية نشأته كانت نشأة طيبة، وسبحان الله مع تعديل السلوك والتربية، وصبرها ربنا جبرها في أولادها، وفي المجتمع، وفي زوجها كمان.

الرجل وأفكاره

نتكلم عن الوجه الآخر اللي هو الرجل والأب، الرجل كائن قوي متفاعل ومنتج لديه أصدقاء، وأعمال عنصر منتج في المجتمع، لديه مشاعر وأحاسيس بالإضافة لقوة وعزة وكرامة مشاعر الرجل إيه اللي بيحصله لو فيه عنده مشاكل أو حصل عنده انفصال، هل الانفصال بيأثر فيه؟

طبعًا هو إنسان مش جماد، عنده مشاعر، وأكيد في يوم من الأيام حب هذه الإنسانة، وخصوصًا لو كان رزق منها بأولاد، الراجل بيشعر بالاكتئاب جدًّا بعد الانفصال، ويشعر بالهزيمة والانكسار، ولكن كيف يعالج هذا الاكتئاب؟ يبقى على الفور؛ كي يشعر برجولته، وإنه مرغوب فيه، وإحساسه إنه راجل، وليه حق إنه يتجوز مثنى وثلاث ورباع، على الفور يطلب من المقربين له أن يأتوا له بعروسة لم يسبق لها الزواج، وتكون جميلة وذو علم، مع العلم إنه لديه مشاعر لزوجته السابقة، طب وهو دلوقتي كل الناس بتجيبله عرايس، وكل الناس بتحاول إن هي تساعده، طيب والعروسة اللي رايحاله دي؟ إيه وضعها، ومراته اللي لسه مطلقها دي وسايبها في صدمتها، هل

اللي هو فيه دا حالة هروب؟ ولا إيجاد حلول، في وجهة نظري إن هو بيجد حلول، ولكن في الواقع هي هروب، وبيبقى هروب مؤقت، مبيبقاش واصل لدرجة من الاستشفاء والاستغناء لدرجة إن هو يمارس حياته مع شخص جديد، طيب هو لو مارس حياته مع إنسانة جديدة، الإنسانة دي بعد كدا، تسأل نفسها، هل هتتقبل هذا الوضع؟ افرض هو رجع لمراته بعد كدا، هل في قرارة نفسها هتبقى متقبله ذلك؟ فدلوقتي قبل ما يتسرع لازم يشوف إيه هيحصل بعد كدا، علشان ميحصلش مشاكل، ويطلق تاني وتالت، لازم يتأكد إنه اتعافى من الأولانية، ولو هيرجعلها تاني لازم يبقي واثق إن التانية قادرة إنها تتقبل هذا؛ لذلك لازم كل واحد فينا يبقى عنده تكيس ورزانة في اتخاذ القرار، ميجعلش من الصدمة، وانتهاء العلاقة إننا نتصرف بسرعة، وبطريقة لم ندرك عواقبها بعد ذلك، انظر للأطفال، انظر للحياة السابقة، لا تخطو خطوة على الفور كدا، تكيس وترزن، علشان بعد كدا ما تعيش في مشكله تاني، اللي أنا بتكلم فيه دلوقتي، عزيزي الرجل بعد فترة الطلاق لا تتسرع في الزواج الثاني، اصبر لعل الله يحدث بعد ذلك أمرًا، حتى لو أنت تعبان، حتى لو دا بيشقى على نفسك، ويأثر على كرامتك ما هو أنت

لازم علشان تصلح من نفسك، وتدرك الأخطاء الذي وقعت فيها، لازم متتسرعش للتقدم لزوجه تانية، وقبل ما هذا يحدث أسأل نفسك هذه الأسئلة

كده أنا بحل مشكلة؟ هل سألت نفسك هترضى بوضع زي دا، ولا أي النتيجة؟ هنرجع تاني لنفس المشوار ونفس المشكلة، وبدل ما يبقى أطفال من واحدة يبقى أطفال من اتنين، في البداية قبل الجواز لازم إن احنا نبقى عازمين وعاملين خطواتنا إنه ما يبقاش فيه انفصال، ولو ربنا قدر وفيه انفصال منرتبطش تاني إلا لما نتكيس وننظر للموضوع برؤيه تانية، ونعرف إن فيه أطفال في الموضوع، ولازم إني أطلعهم أسوياء.

أهالينا دايمًا يقول لنا فتح البيوت مش سهل، وكمان خراب البيوت مش سهل أيضًا.

لذلك لابد من الاحترام المتبادل والحب، والالتزام، والإخلاص، والتواضع، والصبر على الحياة ومشاكلها، والصدق، والثقة المتبادلة، وعدم دخول أحد في حياتنا الشخصية، والحفاظ على التواصل الدائم.

فكل مرحلة من حياتنا تحدي كبير بداية من الطفولة، ثم مرحلة المراهقة بتفاصيلها إلى مرحلة الشباب والنضج، ثم

يأتي سن الزواج، فيجب أن نعلم جيدًا أن الزواج الناجح لا يعتمد فقط على اختيار شريك مناسب بل يعتمد على الصبر، وتحمل المسؤولية، وعدم الاندفاع، والتقدير والاحترام.

وإن كل يوم يكون يوم جديد يحمل في طيته مثابرة، ومعافرة، وأمل، وتحدي وحب وكفاح، وبكده تحلو بنا الحياة.

استقل بحياتك ولا تكن عبء على أحد

التهرب من المسؤولية، في شباب كتير عندما يبدؤا حياتهم الجديدة، لا يخرجوا من عباءة أهاليهم بقولهم انفطموا عن أهاليكم، كثير حوالينا بعد ما يتجوز بيشعر أنه لا يستطيع أن يدير الدفة، للأسف بيرموا مسؤوليتهم على أهاليهم، كل مسؤوليتهم، وبيبقوا عايزين أهاليهم يربوا ولادهم، تاركين معظم مسؤولياتهم، فاكرين إنهم في أحلك وأصعب الظروف، والدنيا والحياة صعبة معاهم، مش متخيلين إن اللي قدامهم كمان حياته صعبة، ومحتاج إنه يتنفس، وإن كبار السن دول عملوا مسؤوليتهم ووصلوهم للمرحلة دي، وجعلوا منهم أشخاص ناجحين في المتجمع، طيب النتيجة إيه؟ في بداية الجواز طبعًا نقف بجوارهم، وفي بداية تربية الاولاد كذلك، طيب هنفضل لحد امتى محتاجين الدعم؟

أصبحوا أشخاص اعتماديين على غيرهم، أصبح حق مكتسب، وليس تفضل منهم عليهم أصبحت مشاكل أولادهم، ومراحل تطورهم واللي بيتعرضوا مش مسؤوليتهم، في كل جوانب الحياة، اعتمادًا على إن أباءهم هم من يتولوا تلك

المشاكل، وإنها هتعلم تاني، وإنها هتربي تاني، طيب هل حد متخيل الجدة والجد وصلت للعمر قد إيه؟ حد متخيل أنهم أصبحوا محتاجين إيه؟

هم محتاجين رعاية، ومحتاجين إن هما يخلوا بالها منهم، بالإضافة إنهم جيل، الأبناء جيل، والأحفاد جيل ثالث خالص، يعني لغة الحوار أصلًا بين الأجيال مختلفة، محتاجين رعاية أخرى، وفهم تاني وإدراك تاني، وبالتالي بحكي الحكاية دي علشان أطلب من الأبناء الرحمة ثم الرحمة، الرحمة بكبار السن أهالينا اللي تعبوا وشقيوا عشان يربونا؛ كي نكبر ونأتي بأولاد هؤلاء الأولاد مسئوليتنا نحن، وليس مسئوليتهم هم يفرحوا بيهم ويحبوهم، ولكن لا يتحملوا مسئوليتهم الرحمة بأمهاتنا، لا نترك مسؤوليتنا كلها عليهم، أنا وجدت صديقه ليي محتاجه إنها تخلي باباها وحماها يروح يجيب الأولاد من المدرسة، طيب هل عدل؟ هل ينفع هذا، طب ما الجد كبر، الكلام لو هو قادر، إنما هو خلاص تعب، الجواز تحمل مسؤوليه وأطفال، مينفعش إننا نتنصل من المسؤولية، كل مرحلة مع الولاد بتكون صعبة، وكل مرحلة ليها طريقة في

التربية، بطلب من الجيل الجديد إنهم يقروا وينتبهوا لأولادهم، وإنهم لا يصدروا لنا قصة سيئة، وأولاد سيئة تضر بالمتجمع.

الأخذ بنصائح أهالينا أمر واجب، ولكنه القرار والتربية تقع على عاتق الأم والأب، مش بس كدا كمان، كل مرحلة هي بتختلف، الولد في سن الابتدائي يختلف عن الإعدادي مرحلة المراهقة غير سن الثانوي، لازم إنك تفهم ابنك، وتكبر معاه، في مثل بيقولك إن كبر ابنك خاويه، دي حقيقة، الأولاد في السن دا كل حاجة عندهم بتبقى مخفية، احنا ما بنبقاش عارفين هما بيفكروا في إيه، زي ما حضراتكم شايفين، الألعاب الجديدة اللي ظهرت، أنواع المخدرات الجديدة اللي ظهرت، أنا بتكلم الأجيال دي واللي هيبقوا أمهات بعد كدا، إن أنت تبقى داخل عارف أنت عايز إيه، إن أنت عايز تخلق أسرة صالحة صحية، مش دنيا تعدي كدا وخلاص.

اللي عايزه أقوله كمان إن أنتوا ما ترموش مسؤوليتكم على غيركم كل واحد عنده مسؤوليه، هو إن كل من حولك يريد أن تكون المسؤول، عندما تفقدت الأمر وجلست مع نفسي، لكي أرى العيوب والمميزات في تحمل مسئوليه الغير مع إنه لديه القدرة على تحملها، لقيت الغلط الوحيد إنك تترك نفسك

لظروف اللي حواليك؛ لأن كان لازم من البداية تعمل حدود، كل واحد مسؤول عن التزاماته، في البشر عندما يجد من يشيله ويحل له مسؤولياته، بيتنصل من المسؤولية، ويتركها بأكملها، ويرمي أعبائه على غيره، علشان كدا أنا بكتب دلوقتي، إن حلو أن تعطي وتساعد من حولك، ولكن كل شيء بقدر، المساعدة بقدر، ماتجعلش حد يستغلك ويجعل مسؤوليته بأكملها عليك وعلى عاتقك، حياته بتمشي، وبتبص تلاقي حياتك أنت بتقف؛ لأن أنت بتشيل مسؤولياته طب ما كان من البداية أعمل لي حياة ومجعلش نفسي مرهونة لمسؤوليتهم، أنا مبقولش إنك تبقى شخص أناني، أنا بقول إنك تدرك ماذا ستفعل، وفي الآخر تصاب بدائرة الاستغلال، وتصاب بالإحباط، والاكتئاب والأمراض النفسية اللي بتجعل منك إنسان مريض، وبطلب من الأشخاص المستغلة إنهم يشيلوا شيلتهم ومايتراهنوش حد بمسؤوليتكم، ارضوا، الأشخاص دول بيبقوا كسالي وبيبقوا مش عايزين يعملوا حاجة بيريحوا دماغهم من وجع الدماغ، ولما تسألهم بيقولوا لك إنهم قليلو الحيلة، بس صدقني كل واحد عايز يعمل حاجة بيعملها، بس فيه ناس مبتبقاش عايزه أصلًا

تبتدي في الحاجة علشان متقولهاش بعد كدا اعملي دا، وهذا ما استخلصته من الموضوع.

لا شيء يستحق أن ترهق نفسك وصحتك من أجله، تجاهل من يتجاهلك، واهتم بمن يهتم بك، سلامك النفسي دائمًا هو الاهم، وسلامًا على من رحل من حياتك، لا يوجد شخص يستطيع أن يسعدك بالحياة أكتر من نفسك؛ لذلك ثق في نفسك، هي أهم مصادر سعادتك في الحياة، الأيام وحدها ستجبرك أن تتجاهل أمور كانت أكبر اهتماماتك في يوم ما، يحذر علماء النفس من الاستمرار في العلاقات المليئة بالألم والاستفزاز وخاصة سوء الظن، فصبرك عليها سيفتك بصحتك نفسيًا وعصبيًا وسيقتلك تدريجيًا، كل مشكلة تعطيها أكبر من حجمها فأنت تستقيها من ماء صحتك، احذر ولا تهتم بكل شيء يقلقك، فبعض الأمور تموت من قلة اهتمامك بها، وما قررت الابتعاد عنه بالمنطق، لا تعد إليه مقصورًا بالعاطفة، الضغوطات قادرة على أن تقضي شغفك في اتجاه أي علاقه أنت فيها أو حلم تسعى لتحقيقه، الضغوطات ابتلاء مؤذي جدًا، لا تضغط نفسك، لا تتعب نفسك بزيادة التفكير.

هناك اثنا عشر قانونًا في علم النفس إذا فهمتم، وابتديت تطبقهم ستغير حياتك.

أول قانون: الراحة النفسية، ودا الانسحاب من الفوضى لا يقدر بثمن.

ثاني قانون: قانون الذكاء العقلي، التجاهل يعيد كل شخص إلى حجمه الطبيعي.

قانون الاستغناء: ليس كل ما تستغنى عنه خسارة، بعد الاستغناء عنها بداية أفضل.

قانون تطوير الذات: أوجد لك مكان في القمة، ففي القاع ازدحام شديد؛ لذلك يجب أن تسعى وتجتهد؛ لكي تكون في القمة.

قانون إثبات الذات: قم من حين لحين وحدث نفسك بقوانينك، وأسلوبك حتى تصبح واضحًا ومميزًا للجميع.

قانون التميز: أن تبدع بأسلوب وأنت في قمة الاسترخاء، ويقلدك الجميع.

قانون التحدي: أن توجد لك مكانًا بين الكبار، ويعترف به.

قانون إدارة الوقت: كن كالسفينة التي تمشي بين الأمواج بالعلم والمعرفة.

قانون الأهداف: حياة من غير هدف، مثل الجسد من غير روح، الاثنين ليس لهما قيمة.

قانون الوعي: إن لم تدرك أخطائك، فلن تتعلم الصواب.

قانون التعلم: إن لم تتألم، لن تتعلم.

قانون التغيير: إن لم تتغير، فأنت تخسر حياتك.

مَا عَلَى الْمَرْءِ إِلَّا السَّعْيَ

الاجتهاد والسعي والمعافرة أحلى حاجة ممكن نعملها، فالاجتهاد يفوق الموهبة سبحان الله العلي الحكيم، حصل موقف أمامي تستعجب فيه من قدرة الله، وقلبه لموازينه في طرفة عين، حدث يجعلك تتأكد إنه لو اجتمعت الأمة على شيء لن ينفعوك إلا بشيء قد كتبه الله لك، وإن اجتمعوا على أن يضروك بشيء لن يضروك إلا بشيء قد كتبه الله عليك، اللي بيجتهد ربنا بيعطيه، كان لدينا زميل شاطر جدًّا ودؤوب وناجح جدًّا في العمل، وكل الظروف كانت ضده، كذا مرة يتنقل من منصبه، وكل مرة يتنقل لمنصب أقل، وبعد ما يتنقل يستمر في النجاح وفي الشغل، وقال مفيش مشكلة، ولكن استمر في السعي، وبعد كدا اترقى تاني، بس كان المفروض إنه يوصل لترقية أعلى من ذلك، وكان من المستحيل إنه يوصل لهذا، ولكن سبحان الله تتغير كل الظروف لصالحه ويوصل للمنصب الذي يتمناه، في ذات يوم عندنا توقن بحلمك بإذن الله هيتحقق، في البداية تم تعيين أحد المديرين في العمل، وكان يرأس مجموعة من الأفراد، وكانوا متفاوتين في القدرات، وكان أشطرهم دائمًا

مضطهد من رئيس العمل، وسبحان الله، وبعد ما هذا الشخص حاولوا إنهم يتخلصوا منه أكتر من مرة، إلا أن قدر الله نافذ، يشاء الله أن المدير يترك الشركة، ويصبح الدكتور الشاطر الدؤوب هو في منصبه، سبحان الله، كأنه قدر مكتوب، لهذه الدرجة الله عليم وقدير، طيب آخرة الصبر إيه؟ آخر الصبر جبر وآخر الصبر فرح، وآخره الاجتهاد فوز، بتكلم ليه عن القصة دي؟؛ لأن دايمًا المجتهد والشاطر دايمًا يفوز في النهاية، وأن الله لا يزرع فيك أمل إلا لكي تحققه؛ لذا لا تكف من تطوير نفسك مهما كانت الظروف حالكة الفرصة ستأتي؛ لأن الحلم ينتمي إلا من يؤمن به؛ لذلك لا تكف عن التعلم والعمل والأعمال؛ حيث عندما تأتي إليك الفرصة تجدك جاهز لاقتناصها.

يجب؛ لكي تنجح أن تكون رغبتك في النجاح أكبر من خوفك من الفشل، بل كوسبي*

الاجتهاد يَغْلِبُ الموهبة متى قرر الموهوب أن لا يجتهد.

فالماضي قد انتهى، والآن بدأ فصل جديد في حياتك فاستغله واعمل بجد واجتهاد، واجعل كل يوم في حياتك يوم جديد فنعمة بالحب والعمل والأمل.

قَاوِمُ مَا تُكْرَهُ لِتَصِلَ إِلَى مَا تُحِبُّ

التسويف دي مشكلة كبيرة جدًّا، أكتر حاجة تأخر الإنسان هو تأجيل عمل اليوم إلى الغد، وتسويف الأشياء، بغض النظر التسويف ناتج عن قلق أو خوف أو قلق من النتيجة، أو توتر، فالتسويف قد يصيب الإنسان بالتوتر والشعور بالذنب والرغبة في تجنب الشيء مع الشعور بعدم القدرة على فعله، التسويف قد يحصل بدرجات أولى، ويعتبر أمرًا عاديًّا، ولكنه يتحول إلى مشكلة عندما يسبب عرقله، لما يعتاد على عدم القيام بالأعمال، التسويف ممكن ينتج عنه اضطراب نفسي بالإضافة أنك هتشعر دايمًا بعدم القدرة؛ لذلك أفضل طريقه لعلاج التسويف هو عمل الشيء الذي تريده، طبعًا بعد التفكير وترتيب الأمور والتنبؤ بالنتائج؛ كي تحصل على النتيجة المرجوة منها، ولكن لا تتردد أبدًا، طالما واثق ومخطط وعارف أنت عايز إيه، ازاي ابدأ؟ متنتظرش الوقت المناسب اللي ييجي، الوقت المناسب هو الآن، وتذكر دايمًا إن الوقت المناسب هو الآن، الفكرة التي تخطر على بالك قد تكون قدر من الله سبحانه وتعالى، وتقدر إن أنت لو فكرت تنفذها

الآن، عود نفسك إنك تكون قادر على أخذ القرار، متهربش من أخذ القرار، قال الرسول صلى الله عليه وسلم: يتجنب من التسويف، يا أبا ذر إياك والتسويف، فإنك بيومك وليس بغدك، فإن يكن غدًا لك فكن في الغد كما كنت في اليوم، وإن لم يكن غدًا لك لم تندم على ما فرط فيه في اليوم .

لذلك إذا عزمت فتوكل على الله، لا تؤجل عمل اليوم إلى الغد، أبدأ وجازف، واترك الأسباب لرب الأسباب، اعزم وربنا إن شاء الله يجبرك.

آمل أن تدرك أن كل يوم هو بداية جديدة بالنسبة لك، أن كل شروق شمس هو فصل جديد في حياتك في انتظار أن يكتب، قد تجد الحب والفرح والأمل في كل يوم من حياتك إذا عزمت ذلك، عندما تنوي أن تقوم من غفلتك، وتحول نفسك من مفعول إلى فاعل عندما تفكر في الأمر نفذه، وتوكل على الله.

فاحذروا التسويف، ولا يكن أمركم فرطًا.

قال الحسن البصري:

أيها الناس احذروا التسويف فإني سمعت بعض الصالحين يقول: نحن لا نريد أن نموت حتى نتوب، ثم لا نتوب حتى نموت.

قال ابن الجوزي: إياك والتسويف فإنه من أعظم جنود إبليس.

لذلك خطط ليومك، وللحظة التي تحياها؛ لأن هي من تمتلكها وأجعل كل لحظة وكل ثانية في يوم مفيدة مليئة بالطاقة، والأمل، والأهداف الجميلة. عندما تستيقظ من نومك ابتسم لبداية يوم جديد، فهو يوم جديد، وأمل بالله يتجدد.

اكتب الأشياء التي تحبها، وكيفية استغلالها؛ لكي تنجح.

اكتب الأشياء التي تكرهها، وكيف تقاومها لتصل إلى ما تحب.

طَبَائِعُ الْبَشَرِ

مع إن كل الخلق من أصل طين، وكلهم بينزلوا مغمضين بعد الدقايق والشهور والسنين تلاقي ناس أشرار وناس طيبين.

عجبي سبحان الله من الاختلاف في طبائع البشر لو دققنا فيها نجد قمة الدهشة الطموح بزيادة وواخد حياته جد واللي مش في دماغه حاجة، واللي قاعد بس يراقب دا وصل لإيه ودا عمل إيه، والطيب، والخدوم، والحسود والحقود، واللي دايمًا ينقض اللي حواليه، واللي شايف نفسه مفيش حد زيه، واللي عنده نقص، واللي ناقم على حياته، واللي مبسوط وبيضحك، واللي شايل طاجن سته على طول، والشباب اللي ماليه القهاوي... وشباب تانية لعمل الخير غاوي، سبحان الله، وكلنا عايشين نفس الحياة، وكلنا بنتولد بنفس الصرخة بنفس ضمة اليد، وبنموت برضو كلنا بخروج الروح من أجسادنا، سبحان الله، حياة لا يعلمها إلا الله، اللهم ثبت إيماننا، وثبتنا على طاعتك، واغفر لنا ما مضى، وأهدنا، فيمن هديت، وتولنا فيمن توليت، واسترنا فوق الأرض وتحت الأرض، ويوم العرض

عليك، واجعل الحياة زياده لنا في كل خير، واجعل الموت راحة لنا من كل شر، وارزقنا حسن الخاتمة يا رب استجب.

مهما وصلت في كل مرحلة شوف نفسك من أول وجديد شوف أهداف، واصنع قرارات، على فكرة بتجدد وبتتغير مع الوقت والزمن، العقل بينضج والفكر بيكبر وبنقدر نستوعب أشياء، ونفهم رسايل من ربنا كان يصعب علينا فهمها قبل ذلك، إنك تبدأ تعرف نفسك، وتصدقها هتقدر توصل للي أنت عايزه.

فالأمر يتطلب القيام بعملية بحث روحي تقوم خلالها بالتخلص من آلامك ومتاعبك، من أحزانك وجراحك، يتطلب منك أن تتخلص من كل شيء يمكن أن يحبطك ويعيق تقدمك.

فكر بشخصيتك واحرص على تقبلها، ولو وجدت بعض الصفات السلبية في شخصيتك، فاعمل على التخلص منها، وتوكل على الله، واعلم أنا الحياة مشوار كتب علينا جميعًا لا مفر من السير فيه بحلوه ومره، والفرصة اللي بتضيع بيتولد ألف غيرها بإذن الله؛ لأنها ببساطة مش مكتوبلنا ما فيهاش خير لينا.

بس المهم إننا نرضى بقضاء الله، ونمشي عدل مش عشان حد يحتار فينا absolutly لا عشان ربنا يبارك لنا،

وييسر أمورنا، ويصلح حالنا ويبارك لنا في عملنا، ربنا يرزقنا الصواب وصلاح الأعمال.

أنا: سلمتها لله واستودعتها عند ربنا، كل حاجة تخصني دعيت ربنا يحفظها ويعطيها لي في الوقت المناسب.

هي: لمؤاخذه بقى يا حبيبتي دي تلكيك بقي واستهبال.

أنا: أبدًا والله أنا بكلمك بجد، أنا فعلًا مسلماها لله، كلمة مسلماها لله دي مش مجرد كلمة بتتقال دي يقين ورضا، وثقة في الجبار والرحمن الرحيم العليم القدير...

ثقة في ربنا وفي أقداره يعني دربي نفسك قبل أي حاجة تعمليها تدعي الاستخارة تستشيري ربنا، تطلبي منه الخير؛ ليكِ لأنه هو سبحانه الذي يوزع الأرزاق، ويعلم ما تكن الصدور، ويرزق بالخير؛ فلا ترهق نفسك بالتفكير؛ لأن الله عنده حسن التدبير، اللهم ارضنا وارضِ عنا، واكفنا شر فواجع الأقدار، وارزقنا أجمل الأقدار اللهم آمين.

صبرًا فبعد المحن منح...

فسيكفيكهم الله...

يا لروعة البشرى في هذه الآية.

فسيكفيكهم الله، الله فقط.

لا تحتاج لتحكي آلامك لغيره

لا حاجة لقلق أو حزن

هو يكفيك وهو يأويك هو ينجيك هو الله... الودود... الغفور...

هو الله... اللطيف الرحيم

هو الله... حبيب المتقين...

هو الله مجيب المضطرين...

هو الله فارج الهم، وكاشف الضر هو الله، وهو حسبنا ونعم الوكيل فسيكفيكهم... تحمل بشرى بالنجاة، ستقر العيون....، وستهدئ النفوس....، وستطير القلوب فرحًا

صبرًا فبعد المحن منح....، ومن بعد الصبر يأتي سبحان الله محدش عاجبه حاله وحاله غير إلا بتحلاله، كل واحد فينا عايز يعيش دور التاني في الحياة، كله فاكر إن الشخص الآخر مبسوط عنه مع إن الاثنين مش مبسوطين.

كل ميسر لما خلق له يعني كل واحد فينا له مهمة مختلفة عن التاني ربنا وهبها لكل واحد فينا، يعني الأدوار مينفعش تتبدل.

لو احنا واثقين في ربنا هنعرف إن ربنا عادل ومدي لكل واحد حقه بس ربنا بيدهالنا في وقتها الا احنا ساعتها بنكون مؤهلين لاستقبال عطاياه الجميلة، في النهاية الدنيا ومع عليها بإرادة الله سبحانه وتعالى يعني عمر ما حد يقدر يآخد حاجة ربنا مش كاتبهاله فيا ريت نتعود إننا منقلقش، ونراعي ربنا ونحاول منشغلش بالنا في التفكير؛ لأن ربنا عنده حسن التدبير، ونرضا ونصبر لعل الفرج والرزق في اللي احنا بنملكه، وفي الطريق اللي ربنا وضعنا فيه، سبحان الله له في كل شيء حكمه لا يعلمه إلا هو، اللهم تولنا فيمن توليت يا الله.

أليس مضحكًا أن يمر يوم وراء يوم ولا شيء يتغير، ولكن عندما تنظر إلى الوراء تجد كل شيء مختلف!

ــ كليف ستيبلز لويس.

هذا الشعور بدأ يتسرب إلي منذ جاوزت الثلاثين، وأشعر به يزحف على روحي بسرعة...

أتذكر أمورا في حياتي فأقول: كان هذا منذ ١٥ سنة... منذ ٢٠... منذ ١٢...

ثم أنتبه، كيف صارت لي ذكريات يفصل بيني وبينها هذا العدد الهائل من السنين؟!!

أقاربي الأطفال الذين كنت ألاعبهم وألقيهم في الهواء وأغني لهم... صاروا في الجامعات، وبعضهن يأتيها الخُطَّاب!

أتذكر أني تخرجت من الجامعة منذ ١٠ سنوات!!... إذن مضت ١٠ سنوات على اللحظة التي كنت أظنها نهاية الشباب وبداية الرجولة...

حقا، متى انتهى الشباب... لا أدري!

أتصور نفسي أموت الآن، وأتخيل مصيري في الآخرة...، ثم أنتبه مفزوعًا مذعورًا، لا أطيق حتى مجرد التفكير...

الحياة تمضي... والكبار يموتون، والصغار يكبرون... والآخرة في الانتظار... والمفاجأة: أن الجميع غافلون!

تمامًا كالماشي على السلم الكهربائي، يصل إلى النهاية دون أن يشعر.. متخيلًا أنه لن يصل؛ لأنه لم يتحرك!

ـــ د. أحمد خالد توفيق

إن كان صحيحًا ما يتحدث به الناس من سعادة الحياة وطيبها وغبطها ونعيمها، فسعادتي فيها أن أعثر في طريقي في يوم من أيام حياتي بصديق يصدقني الود، وأصدقه.

_ مصطفى لطفي المنفلوطي

"لِتكن مُميّز، لِتكن الحافز الأول لِنفسك، لا تنتظر تشجيع من الآخرين

قاعدة الـ ١٠/٩٠

المؤلف: د/ ستيفن كوفي

هذه القاعدة لو اتبعتها ستغير لك على الأقل ردود أفعالك تجاه المواقف المثيرة للأعصاب.

ما هي هذه القاعدة؟

تعتمد هذه القاعدة على أن:-

_ ال ١٠٪ من الحياة تتشكل من خلال ما يحدث لنا...

_ الـ ٩٠٪ الباقية يتم تحديدها

من خلال ردود أفعالنا...

ماذا يعني هذا؟

معنى هذا الكلام أننا في الواقع ليس لدينا القدرة على السيطرة على ال ١٠٪ مما يحدث لنا، فنحن على سبيل المثال:

_ لا نستطيع منع السيارة من أن تتعطل.

_ أو الطائرة من الوصول متأخرة عن موعدها (مما قد يؤدي إلى إفساد برنامجنا بالكامل).

_ أو سائق ما قطع علينا حركة المرور أو السير.

فنحن في الواقع ليس لدينا القدرة على التحكم بـ ١٠٪...

لكن الوضع مختلف مع الـ ٩٠٪.

فنحن من يقرر كيف يمكن أن تكون الـ ٩٠٪.

سوف تسألون: كيف يكون ذلك؟

الإجابة: عن طريق ردود أفعالنا...

فنحن لا نستطيع التحكم في إشارة المرور الحمراء، ولكن نستطيع السيطرة على ردة فعلنا، لا تدع الآخرون يجعلونك تتصرف بحماقة، أنت تستطيع أن تقرر ماهي ردة فعلك المناسبة...

دعونا نتعرف على ذلك باستخدام هذا المثال الذى طرحه صاحب النظرية:

كنت تتناول طعام الإفطار مع عائلتك، وفجأة أسقطت ابنتك الصغيرة فنجان القهوة على قميص عملك.

لم يكن لك دور فيما حدث هنا، ولكن ما سوف يحدث لاحقًا سيتقرر حسب ردة فعلك...

بدأت بالصراخ والشتم وقمت بتوبيخ ابنتك... فأخذت الطفلة في البكاء، ثم استدرت إلى زوجتك موبخًا إياها لوضعها الفنجان على حافة الطاولة، وبعد مشادة لفظية قصيرة بينكما، اندفعت إلى حجرتك، وقمت بتغيير قميصك، ثم عدت إلى حيث كنت، فوجدت أن ابنتك قد انشغلت بالبكاء بدلًا عن إنهاء فطورها والاستعداد للمدرسة، ونتيجة لذلك فاتها باص المدرسة.

وزوجتك كان لا بد أن تغادر لعملها...

اضطررت أنت إلى إيصال ابنتك بسيارتك الخاصة إلى المدرسة، وبما أنك متأخر قدت سيارتك بسرعة أكبر من السرعة المحظور تجاوزها... وبعد 15 دقيقة تأخير، ودفع قيمة المخالفة المرورية، وصلت إلى المدرسة... ركضت ابنتك إلى مبنى المدرسة دون أن تقول لك مع السلامة...

وبعد وصولك إلى المكتب متأخرًا 20 دقيقة، وجدت أنك قد نسيت حقيبتك ..فها هو يومك بدأ بصورة سيئة، واستمر من سيىء إلى أسوأ...

بعد عودتك إلى المنزل تجد توترًا في العلاقة بينك وبين زوجتك وابنتك.

لمـاذا؟؟

بسبب ردود أفعالك منذ الصباح...

لماذا كان يومك سيئًا؟؟

هل هو بسبب القهوة؟.

هل هو بسبب ابنتك؟.

ج) هل هو بسبب رجل الشرطة؟

د) هل أنت سببت لنفسك ذلك؟

الإجابة هي أنك أنت المتسبب في ذلك.

كيف؟.

لأنه لم يكن لك دخل أو سيطرة على حادثة الفنجان، ولكن ردة فعلك في الخمس ثواني التالية، هي من تسببت في إفساد يومك.

هي بنا نتخيل سيناريو آخر للحدث، وهو ما كان ممكن وينبغي أن يحدث.

فنجان القهوة وقع عليك، وبدأت ابنتك بالبكاء...، وقلت لها بكل لطف: لا بأس يا عزيزتي...، ولكن كوني في المرة القادمة أكثر حذرًا وانتباهًا"، ثم تتناول المنشفة وتسرع إلى حجرة ملابسك...

تستبدل قميصك، وتتناول حقيبة أوراقك، وتعود إلى حيث كنت في الوقت المحدد لترى ابنتك من النافذة، وهي تصعد إلى حافلة المدرسة ملوحة بيدها لوداعك.

تصل إلى عملك مبكرًا بـ ٥ دقائق، وتحيي زملاءك بكل مرح وابتهاج...

ويبدي رئيسك تعليقًا حول يومك الرائع.

لاحظت الفرق؟

كما رأيت يوجد سيناريوهان مختلفان:

لهما نفس البداية، ولكن نهاية مختلفة

لماذا؟.

بسبب ردة فعلك...

و في الحقيقة لم يكن لديك أي سيطرة على الـ ١٠٪ التي حدثت أما الـ ٩٠٪ الأخرى فتم تحديدها عن طريق ردة فعلك.

هنا بعض الطرق لتطبيق قاعدة الـ ١٠/٩٠..

وبكده خلي دايمًا كل يوم عنك هو يوم جديد مليء بالهمة والتسامح والأمل،موقف آخر إذا حدث لك في بداية اليوم

إذا قال أحد الأشخاص: بعض الأشياء السيئة عنك.

فلا تكن مثل الإسفنج .. بل دع الهجوم يسيل عليك، مثل الماء على الزجاج...، ولا تسمح للتعليقات السلبية أن تؤثر عليك!

فردة الفعل الإيجابية لن تُفسد يومَك، بينما ردة الفعل السلبية قد تؤدي إلى فقدانك للأصدقاء، أو فصلك من العمل، وتكون في حالة من العصبية والإرهاق... إلخ...

كيف تكون ردة فعلك إذا قطع عليك أحد الأشخاص حركة السير؟ هل تفقد أعصابك؟

هل تضرب مقود السيارة بقوة حانقًا؟... هل تشتم؟ هل يرتفع ضغط دمك عاليًا؟...

من سيهتم إذا وصلت إلى العمل متأخرًا بعشر ثوانٍ؟

لماذا تسمح للسيارات بإفساد قيادتك

تذكر قاعدة الـ ١٠/٩٠ ولا تقلق لما سيحدث لكَ بعد ذلك...

قيل لك بأنك فقدت وظيفتكَ...

لماذا الغضب والانزعاج، والأرق؟؟؟

استغل جهدك ووقتك في إيجاد وظيفة أخرى.

تأخر إقلاع الطائرة، وأفسد ذلك برنامجكَ اليومي... لماذا تصب جام غضبكَ وإحباطكَ...

على مضيفة الطائرة؟

هي ليس لديها القدرة على التحكم في موعد وصول الطائرة استغل وقتكَ في القراءة أو التعرف على مسافر آخر... التوتر لن ينتج عنه إلا تعقيد أوضاعك، وجعلها إلى الأسوأ

طبّق قاعدة ١٠/٩٠ وستدهشك النتائج، لن تخسر شيئاً إن حاولت...

قاعدة مذهلة والقليل من الناس من يعرفها ويطبقها في حياته.

والنتيجـة؟

الملايين من الناس تعاني من إرهاق وإجهاد لا مبرر له، ومحاكم، ومشاكل في القلب...

إذن علينا جميعًا أن نفهم ونطبق هذه القاعدة...

حياتك عندها ستتغير!!

رُعْبُ التَّأَقْلُمِ

ضع ضفدعًا في وعاء مليء بالماء، وابدأ بتسخين الماء تدريجيًّا.
ستجد أن الضفدع يحاول جاهدًا أن يتكيّف مع ارتفاع درجة حرارة الماء التدريجي بضبط درجة حرارة جسمه معها.
ولكن عندما يقترب الماء من درجة الغليان، يعجز الضفدع عن التكيّف مع الوضع هذه المرة؛ لذا يقرر في هذه اللحظة القفز خارج الإناء، يُحاول القفز، ولكن دون جدوى؛ لأنه فقد كل قوته خلال عملية التأقلم مع درجة حرارة الماء المرتفعة، وسرعان ما يموت.
ما الذي قتل الضفدع؟
الكثيرون منا سيقولون الماء المغلي هو الذي قتله.
لكن الحقيقة ما قتله هو عدم قدرته على اتخاذ قرار بالقفز خارجًا في التوقيت المناسب.

كلنا بحاجة إلى التكيّف مع الناس، ومختلف الأوضاع، لكننا بحاجة أكثر إلى معرفة متى نحتاج إلى التأقلم، وإلى أي

درجة ومتى نحتاج إلى مواجهة الوضع، واتخاذ الإجراء أو القرار المناسب...

إذا سمحنا للناس أو للظروف باستغلالنا جسديًّا أو عقليًّا أو عاطفيًّا أو ماليًّا سيستمر ذلك إلى أن يقضي علينا.

"يجب أن نُقرر متى نقفز قبل أن تخور قوانا".

قانون الـ ١٥ دقيقة

إذا قضيت يوميًّا ١٥ دقيقة في تحسين ذاتك وتطويرها فإنك في نهاية العام ترى التغيير الملحوظ في نفسك.

لو تقلل يوميًّا ١٥ دقيقة في تضييع الوقت في أمور لا فائدة منها، سوف تحقق نجاحًا، خلال السنوات القادمة.

لو خصصت يوميًّا ١٥ دقيقة لتعلم لغة جيدة فهو أفضل من الذهاب إلى دورات اللغة مرة في الأسبوع.

لو تخصص يوميًّا ١٥ دقيقة، للمشي السريع سوف تجد نتيجة أفضل من ذهابك إلى النادي يومان في الأسبوع.

لو خصصت يوميًّا ١٥ دقيقة القراءة المحفزة التي تثير القشرة الرمادية للمخ، فسوف تحصل على تطورات كبير في الفهم.

لو خصصت يوميًّا ١٥ دقيقة للكتابة فإنه سيكون باستطاعتك أن تكتب مقالًا كل يومين أو ثلاثة، وستحصل في نهاية العام على كتاب من تأليفك.

لو خصصت يوميًّا ١٥ دقيقة لقراءة القرآن فإنه يمكنك أن تختم المصحف خلال شهر.

• خير الأعمال ما قل واستمر.

• الجميل في قانون ١٥ دقيقة هو أنه قصير لدرجة إنه لا يمكنك أن تتعذر بعدم وجود الوقت لتنفيذه...!

"التسليم" بيخليك مش هتموت على حاجة..، ولا بتفرح أوي ولا بتزعل أوي...، ولا بتحب أوي ولا بتكره أوي...

استقبالك لكل حاجة بيختلف... توقعاتك بتختلف...

بتتشال "أوي" من قاموسك!

اللَّهْفَةِ بِهُدُوءٍ... وَالِانْتِظَارُ بِهُدُوءٍ... وَالتَّقَبُلِ بِهُدُوءٍ...، وَالسَّعْيِ بِهُدُوءٍ .. الْقُرْبُ بِهُدُوءٍ، وَالْبُعْدُ بِهُدُوءٍ...مش هتتشقلب علشان توصل لحاجة أو تغير وضع...

فرق كبير بين إنك تبقى متبلد المشاعر، مُحبط ومش فارق معاك حاجة، وبين إنك اتعلمت التسليم...

ولو وصلت للمرحلة دي متنتظرش إنك تتفهم ببساطة...

توقع تتوصف بالبرود... بالجحود... بالأنانية... بالجرأة... بإن مش همك حد .. ماشي بدماغك وبس...

التسليم هيخليك متبررش ومتشرحش، هتطّيب خاطرهم على قد ما تقدر، من غير شرح...؛ لأن مش أي حد هيدرك اللي أنت فيه، وهتتقبل أحكامهم برغم وجعك، وشعورك بالاغتراب...

لما يبقى التسليم عادة... هتلاقي نفسك إنسان تاني أقوى كتير... أجرأ في الحق... الخوف قل عندك أوي... هتتعلم معاني تانية للصبر والرضا... هتتعلم تحب نفسك وتثق فيها...

التسليم هيخليك كل ما تقع، تعرف تقوم؛ لأنك فهمت الدنيا وطبيعتها وحجمها... وبدأت تفهم نفسك، وبدأت تفهم عن الناس، وبدأت تتعرف على ربنا وقدرته... بدأت ترتب كل حاجة في مكانها وحجمها...

قال تعالى: (فَلَمَّا أَسْلَمَا وَتَلَّهُ لِلْجَبِينِ، وَنَادَيْنَاهُ أَنْ يَا إِبْرَاهِيمُ، قَدْ صَدَّقْتَ الرُّؤْيَا أنا كَذَلِكَ نَجْزِي الْمُحْسِنِينَ) [الصافات:١٠٣]

قمة التسليم إنك تتقبل أقدار الله بعد سعيك، بكل صورها وتفاصيلها... ساعتها هتدوق جزاء المحسنين...

وهتبدأ تستمتع بالمتاح بمنتهى الطمأنينة والاستغناء.

مَشَاوِيرُ الْحَيَاةِ...

ملهاش إعادة... عيشها بفرح وبساطة.

مشاوير الحياة طبعًا متعبة، مليانة متاهة، وحلاوتها في الجري لفك شفرتها.

طب لو وصلت لنهاية المشوار، هتلاقي مشوار تاني بدأ ولازم تجريله عشان توصلوا، وتتعلم فيه وتجرب وتفشل وتقع عشان تقوم وتنجح، وتوصل لنهايته، طب وبعدين يظهر مشوار جديد، وتدخل المتاهة تاني، وتتعلم وتبكي، وتتألم عشان تفرح وتحقق إنجازاتك وأهدافك، ومراد ربنا منك في الحياة حياتنا هي بداية... فنهاية... فبداية جديدة... ورحلة شاقة ومتعبة وملهمة... بس والله دي لذة الحياة... وأصعب مرحلة هي الوصول للهدف؛ لأنك بعدها بتتوه لحد ما يظهر شغف جديد، وهدف آخر تسعى له.

اللي عايزه أقوله إننا ندعي ربنا أنه يقدرنا على السعي، ويبعد عننا الملل والإحباط واليأس، وإننا نعرف إن كل اللي حقق حلمه تعب وشقي، ولسه عنده حلم بل أحلام بيتمنى يحققها... فيا رب ساعدنا وارزقنا الصبر والرحمة، والتواضع، والأمل، والرزق وراحة البال...

وأخيرًا... لا تستعجلوا الأقدار... فكل شيء عند الله بأوان، اللهم ارزقنا من الأقدار أجملها...

ملهاش إعادة... عيشها بفرح وبساطة.

أيامنا الحلوة

تنحصر معظم مشاكلنا في الرضا.

الرضا بأقدار الله، الرضا عن النفس، عن الحياة، عدم النظر للغير، ونقتنع أن كل مننا واخد ٢٤ قيراط، مع العلم أن أقدار الله كلها خير، وأن المنع نعم العطاء، وأن حجب الخير عنك لخير أعظم ستفوز به، واعلم أن ما لا يقضى بالفكر يقضى بالذكر.

سر سعادة الحياة هو اليقين، وأن تعش بشعور هذه الآية لعل الله يحدث بعد ذلك أمرًا، نجاحك وتفوقك ده رزق من الله جزء من نصيبك في الدنيا يعني مش شطارة منك.

في جزء منه ظاهري ممكن يكون منصبك، صحتك، فلوسك، احترام الناس ليك، هيبتك، وجزء منه خفي لا يشعر به إلا أنت، ولا يتألم لفقده غيرك ألا وهو: راحة البال، السكينة، الرضا بالأقدار، حب الناس.

يعني في النهاية احمد واشكر، وعدد النعم لازم تعدد النعم مهما صغرت؛ لأن تذكرك النعم، وما تملكه من ستر وصحة، وسمع ورؤيه وتذوق؛ فنعم الله لا تعد ولا تحصى لنا، وبهذا تصفو النفس، وترقى.

كل مننا معرض للزعل والحزن ويبقى نتيجة الضغوط، وممكن يكون نتيجة سلبية المحيطين بيك، وتصدرهم للمشاكل أمامك؛ فيا ريت كلنا نرحم بعض، ونخفف الحمل على بعض.

لأن مشوار الحياة صعب على كل مننا، الطفل عندما يولد يتنفس بصرخة، وصانا رسولنا الكريم بأن يحرم على النار كل لين هين سهل، قريب من الناس؛ فاللهم استرها معنا وعلينا، وارزقنا سعادة الدارين آمين يا رب العالمين.

تأملات بيقين وحسن ظن في رب العالمين.

ملك الملوك إذا وهب لا تسألن عن السبب

فكر بالفرح تفرح في الواقع لا توجد خاتمة... فلكل نهاية امتداد يبدأ به كل شيء...

فالبداية أصلًا هي في الأساس حاجة لسه منتهية عشان كده لازم كل نهاية يعقبها بداية...

اللهم اصلح بيننا وبين أنفسنا وارضنا وارضِ عنا، وافتح علينا بالحق، وانصرنا نصرًا مبينًا...، وتولنا لما تحبه وترضاه، وسدد خطانا ولا تتوفانا إلا وأنت راضٍ عنا، اللهم آمين.

▪ دوام الحال من المحال...

لا الرخاء يستمر... ولا البؤس والكرب يستمر...

▪ومع كل يوم جديد... تذكر أن الله لن يتركك، وأنت في أمس الحاجة إليه... فقد أصلح لك بالأمس كل شيء بطريقة لم تخطر ببالك...

▪ فلا يأس مع الحياة... بل لا يأس مع الله...

فحقًّا... إنه على رجعه لقادر...

"كلما ازدادت الإمكانيات ازداد الطمع، وكلما ازدادت السرعة ازدادت العجلة، وكلما ازداد الترف ازدادت الشكوى!

تمامًا مثل حكاية الغَنى الذى يزداد طمعًا كلما ازداد ثراءً.

وهذا شأن المكاسب المادية... كلما ازدادت ازداد الافتقار إليها، وإلى المزيد منها وبالتالي ازدادت التعاسة؛ لأن السعادة موطنها القلب وليس الجيب، ولا عبرة فيها بازدياد الإمكانيات المادية.

السعادة تنبع من الضمير...، ومن علاقة الإنسان بنفسه وعلاقته بالله وهي في أصلها شعور ديني، وليست شعورًا ماديًّا...

من كتاب "الشيطان يحكم" د. مصطفى محمود رحمه اللَّه.

اللي بيسعي في كذا طريق شاطر وجرئ، اللي بيسعى في أكتر من طريق ده مش مشتت، ده إنسان طموح، وبيحب الحركة والتغيير.

اللي بيسعى في أكتر من اتجاه هو اللي بيعرف يطور من نفسه، ويطلع بأفكار إبداعية وبيخلق حلول لمشاكل!

اللي بيسعى في أكتر من طريق عمره ما هيضيع؛ لأنه دايمًا بيلاقي طريق، وده مش بس شطارة منه، ده لأن ربنا مبيضيعش تعب حد.

ربنا بيحب المجتهدين، واللي بيسعى عمومًا، فكونك بتسعى وبتتعب، وشغال على نفسك إياك تفكر إنه بيروح عالفاضي... كله بحسابه عند ربنا...

كمل ومع الوقت هتعرف معنى كلامي.

طيب واللبن المسكوب؟

نبكى عليه ليه ما تشربه القطة، هي مش روح؟ واللبن دا نعمة ربنا، ونص الكباية الفاضي؟

نكمله شاي وهيبقي أحلى كوباية شاي بلبن وبقسماط عليه وألف هنا.

والسعي الذى لا يضمن حتمية الوصول؟

مش اتمشينا واتفسحنا وغيرنا جو؟

طيب والحروب التي نخوضها، ولا يعلم عنها أحد؟

فلنة بيضاء حملات نرفعها راية استسلام، ومندخلش المعارك من الأول أصلًا.

احنا مصعبينها على نفسنا ليه قول يا رب وهتتقضي.

■ "عَسَىٰ رَبُّنَا أَن يُبْدِلَنَا خَيْرًا مِّنْهَا"... اطفِئْ بهذه الآية نار حسرتك على كل فرصة ضاعت...

■ على كل وظيفة خسرتها... وعلى كل حبيب أفلت يدك في منتصف الطريق.. على كل صديق حسبت أن له وجهًا جميلًا... فلم يكن هذا إلا قناعًا لذئب جارح!

■ ما أخذه الله منك فلحكمة... وما تركه لك فالرحمة... فإن علمت الحكمة = فاشكر!... وإن جهلتها = فاصبر!

فأقدار الله كلها خير وإن أوجعتك!

ثمة فيلم أميركي ظريف يحكي عن أربع توائم فتيات ولدن لأسرتين مختلفتين في مستشفى... توأمتان ولدتا لرجل أعمال ثري، وتوأمتان ولدتا لفلاح فقير... يحدث خلط في الحضانة بحيث تأخذ كل أم طفلتها وطفلة الأخرى...، وافترضت

كل أم أنهما توأمتان غير متشابهتين، النتيجة أننا نرى التوائم عندما كبرن، الأب الثري رجل الأعمال لديه ابنة تحب الثراء، وابنة أخرى تهوى حياة الفقر والاندماج وسط الشعب، ولها ميول ثورية واضحة، نفس الشيء بالنسبة للفلاح الفقير... لديه ابنة راضية بحياتها وابنة لديها تطلعات طبقية مزعجة، وتحب كل ما هو فخم وغالي الثمن!. لعبت الممثلة الأميركية ليلي توملين دور التوأمتين الفقيرتين، ولعبت بيتي ميدلر دور التوأمتين الثريتين.

تذكرت هذا الفيلم وأنا اقف عند بائع عصير القصب أشرب (شوبًا) كبيرًا في استمتاع، أتمنى ألا يفرغ الشوب بسرعة وأن تطول هذه اللذة للأبد... أنتشي بالصداع العابر الذي تسببه برودة العصير، وهو يقتحم جوفي، لقد رأيت الكثير من دول العالم، ولست فقيرًا ولله الحمد، لقد ذقت الكثير من المشروبات (الحلال طبعًا)، وجربت كل أنواع تلك العصائر التي تشربها في كوب بلاستيكي تغطيه قبة، وذقت الخلطات الغريبة في المقاهي باهظة الثمن، التي يقدمها لك شاب له ذيل حصان ويربط مريولة على خصره، وثلاثة أرباع كلامه مصطلحات أجنبية:

«سعادتك... هذه خلطة جديدة من الكولا والفانيليا والليمون والرد بول والأناناس مع بسكويت مضروب في الخلاط، وهناك طبقة مشروم ومايونيز مع لحم مفروم».

ثمن الكوب ثلاثون جنيهًا مثلًا، وهو يأتي كل خمس دقائق ليرى إن كنت مستمتعًا... طبعًا لا بد أن تقنع نفسك أنك مستمتع بعد ما دفعت ثلاثين جنيهاً في كوب... جربت الكثير من هذه الأشياء، لكني لم أشعر قط بالنشوة التي يسببها عصير القصب، خاصة عندما تستند على السطح المعدني المبتل البارد بانتظار اللحظة التي تنتهي فيها المعصرة من إفراغ ما في العود من متعة، والرجل يتصرف بوقار الكهنة، وهو يضرب الدورق المعدني بالمصفاة ضربات متتالية، ثم يقدم لك الشوب الساحر تعلوه الرغوة...

أما عن المطاعم فقد ذهبت لأماكن كثيرة فعلًا لكني لم أنعم قط بمتعة الأكل إلا في ذلك المطعم الرهيب الشبيه بوكر عصابة في إحدى الحارات؛ حيث تسند المنضدة بركبتك حتى لا تسقط لأن إحدى أرجلها مكسورة، بينما القطط تلتف حولك، وهي تنظر لطعامك في حقد وحسد، إلى أن تلقي لها بأول قطعة

دجاج طبعًا، أما عن الشطائر ومأكولات التيك أوي، فأنا أول من صنع البيتزا في مجتمعي، لاحظ أننا كنا في بداية عصر الانفتاح، وجدت الوصفة في مجلة غربية فجربتها، وقد قدمتها لمعارفي في وقت كانوا يطلقون على هذا اسم (فطير).

برغم هذا لم أستطع أن أحبها قط... ظللت أشعر أنها رغيف خبز مشوه في ظروف غامضة...

كذلك لم يرق لي الهامبرجر قط... خجلت من الاعتراف بذلك، حتى وجدت د. جلال أمين المفكر الاقتصادي الكبير يقول إنه مجرد وهم، ولا مذاق له تقريبًا إلا بما يضاف له من طقوس الكاتشب والمايونيز، والبطاطس المقلية، والمياه الغازية... أما عن السوشي فرأيي أنها أكلة مرعبة لا أكثر

دعوت صديقي قبل الانفتاح طبعًا لتجربة الدوناتس في مطعم شهير، لم يكن يعرف معنى اللفظة أصلًا، تذوقه وعرف الثمن فراح يسب ويلعن...، قال لي: إن كعك العيد كان ينبغي أن يغزو العالم، فهو أشهى مذاقًا وأرخص ثمنًا، لكنها العولمة...

أما ما راق لي فعلًا فهو شطائر الكفتة والكبدة الشعبية التي يبيعها عم (صلاح) في ذلك المطعم جوار السوق، ومعها كوب من ماء النار الحارق هو ماء السلطة بالشطَّة التي يطلقون عليها (خمر الصالحين)... هذه الشطائر اختراع جهنمي عليك مقاومته حتى لا يزداد وزنك عدة كيلو جرامات، أما عن لحمة الرأس والعكاوي والممبار فهذا موضوع آخر...!

فإذا جاء موعد الإفطار فأنا أعشق أكل الفول والفلافل من عربة فول... تدس رغيف الخبز في تلك الأطباق المعدنية الصغيرة، وتهشم بصلة بقبضتك، تخيل أن في هذه اللحظة هناك من يفطرون بعصير البرتقال والكرواسون أو ما يسمونه (إفطار إنتركونتيننتال)؟

أما عن شرب الشاي بعد الإفطار، فأنا لم أستطع قط أن أحب الكافتيريات الراقية ولوبي الفنادق، لا بد من مقهى شعبي حيث يدوي صوت فيش الطاولة، وصوت قرقرة الشيشة مع السعال، فإذا كان هذا موعد مباراة فأنت تشاهدها في تلفزيون المقهى كأنك في الملعب نفسه.

هكذا أدركت مع الوقت أنني غير مؤهل للثراء، هناك جينات فقر قوية راسخة في خلاياي، ولا أحب إلا ما هو رخيص وشعبي وبسيط، لا بد أنني ولدت في المستشفى لأسرة فقيرة، ثم تم التبديل بطريق الخطأ لتأخذني أسرتي الحالية، لست نادمًا على كل حال فقد جربت مع عصير القصب، ولحمة الرأس والفلافل والمقاهي الشعبية متعًا لا يمكن الحصول عليها بطريقة أخرى.

بقلم: د. أحمد خالد توفيق

أذواق

نُشر في: السبت ٢١ يونيو ٢٠١٤م

لَدَيْكَ أَلْفُ فُرْصَةٍ لِلاسْتِسْلَامِ لَكِنْ لَا تَفْعَلْهَا

الاستسلام

كلمة في حد ذاتها تشعر الإنسان بالكآبة، فالاستسلام حالة مزعجة، تسيطر على نفسيه الإنسان، وتمنعه من المضي قدمًا في الحياة وتحقيق الحياة والتآلف، وعادة ما يصاب الإنسان بهذا الشعور نتيجة المرور ببعض التجارب والمراحل الحياتية القاسية، فالإنسان يوجد لديه شعورين، شعور بداخله رغبة في الاستسلام والفشل، وكذلك بداخله رغبة في الاستمتاع بالنجاح، فانصر نفسك وتحدها، وشوف أي الرغبتين ستنتصر، فعندما تشعر أنك على وجه الاستسلام، فكر في أولئك الذين يتمنون رؤيتك فاشل، هنري ميلر قال: أردت الاستسلام؛ لأني رأيت أنه لا جدوى من الكفاح، شعرت أنه لا شيء يمكن إثباته أو إقراره أو إضافته أو إسقاطه في وجود لم اخترهم، هذا الكلام يدعو إلى الفشل والاستسلام، ولكن نحن مؤمنين بالله سبحانه وتعالى وقدرته وقضائه؛ لذلك المطلوب مننا إننا لا نستلم ونسلم أمورنا لله، ونتوكل عليه، قال فيلس فيلر: لا تذهب أبدًا إلى سريرك منكسرًا ابقى مستيقظًا، وقاتل حتى النهاية، دكتور إبراهيم الفقي قال: تأكد دائمًا أن الله

إذا أغلق بابًا فتح لك أبوابًا أفضل، فلا تظل واقفًا عند الباب المغلق وتترك المفتوح، فإن لم تستطع انتظار النجاح قرر واذهب إليه، وعافر واجتهد وتفوق، فلا تتوقف عند كل كلمة تسمعها، فالبعض يقذف عليك العقبات لتتوقف، اقفز من عليها وواصل طريقك في ثقة وعزم، عبد الحليم حافظ قال: النجاح لا يصنعه الأعداء، ولا يصنعه الأصدقاء، النجاح يعتمد على الموهبة والإرادة، المطلوب منك إنك تكون قوي متستسلمش بسهولة، الحياة صعبة على الجميع، الفائز هو الذي يستمر حتى نهاية الطريق، قال يوسف لأخيه: لا تيأس، وشعيب لموسى لا تخف، ومحمد لصاحبه لا تحزن، نشر الطمأنينة في النفوس في ساعات القلق منهج نبوي، فلا تقلق ولا تستسلم، أفضل الانتقام هو أن تنجح وبشدة، جين دارون قال: النجاح هو شيء لا يمكنك البحث عنه، ولكنه شيء ينجذب إلى شخصيتك التي تبنيها، جان كالفيد: قال إذا لم تجد أي طريق للنجاح فاصنع أنت الطريق، علا عبد السلام قالت: اسعى وقول يا رب، ربنا عمره ما بيضيع تعب حد، فالنجاح في الحياة طريق وليس خيار، لا يتطلب عذرًا بل يتطلب معافرة ومثابرة وعزم.

فكل يوم صباح جديد وأمل بالله يزيد، فكل شيء يولد مع الصباح الأقدار، الأمل وحتى الأفكار، الصباح قصة جميلة تحكي لنا حكاية بداية يوم وبداية كل شيء جديد في الحياة، بداية أمل ونجاح وتحقيق، أهداف وإعمار في الأرض، وعبادة فلا تستسلم، وابتسم فرزقك مقسوم وقدرك محسوم وأحوال الدنيا لا تستحق الهموم؛ لأنها بين يدي الحي القيوم، صباح يوم جديد صباح الأمل واليقين بأن القادم أجمل بإذن الله. فتفاءل بما تهوى يكن.

ختامًا

في النهاية أبشر لا تنظر لأمسك افتح أبواب القلب سلام، وحب وتسامح وخير كل شيء سيكون على ما يرام في النهاية إذا لم يكن الأمر على ما يرام فهي ليست النهاية.

يوم جديد هو امتلاكنا الحقيقي في الحياة الأمس قد فات وانتهى، والغد بيد الله خطط ليومك واسعى فيه واجتهد اجعل يومك مفعم بالأمل، والحماس، والضحكة الصافية عاند الدنيا، وابتسم واعرف إن بعد الليل فجر يرتسم لا تقل حظي قليل إنما قل قدر ربي وقسم لا يوجد وقت للندم اجعل لحظاتك عمل كن سعيدًا فيها؛ لأن هذه اللحظة هي حياتك.

ازرع أمل وحب وخير عش متسامح مرتاح البال لا تملك من الدنيا إلا اليوم الذي تعش فيه عيش وأنت فرحان وسعيد استمتع بالحياة ابتسم فلعل غيرك إن رآك مبتسمًا طرح الكآبة جنبًا وتبسما.

عود نفسك على الفرحة عشان الفرحة تتعود عليك ابتسم برضا فالأمور تسير بما قدر الله لك فكر بالفرح تفرح كانت معكم في يومكم الجديد

علا عبد السلام

محتوي الكتاب

١٦_ تجارب الحياة بتفرق معانا كتير.

١٧_الرجل وأفكاره.

١٨_ اختلاف التربية عبر الأجيال.

١٩_ ما على المرء إلا السعي، والنجاح من الله.

٢٠_ استقل بحياتك، ولا تكن عبء على أحد

٢١_ قاوم ما تكره لتصل إل ما تحب

٢٢_ طبائع البشر.

٢٣_ صبرًا فبعد المحن منح.

٢٤_ رعب التأقلم.

٢٥_ مشاوير الحياة.

٢٦_ لديك ألف فرصة للاستسلام، لكن لا تفعلها.

٢٧_ أيامنا الحلو.